지식과 기술에 태도라는 날개 달기

고객은 스펙보다 태도에 끌린다

뷰티 에듀디렉터 하 희 선 지음

대경북스

지식과 기술에 태도라는 날개 달기

고객은 스펙보다 태도에 끌린다

1판 1쇄 발행 2022년 6월 24일
1판 5쇄 발행 2023년 12월 24일

지은이 하희선

발행인 김영대
펴낸 곳 대경북스
등록번호 제 1-1003호
주소 서울시 강동구 천중로42길 45(길동 379-15) 2F
전화 (02)485-1988, 485-2586~87
팩스 (02)485-1488
홈페이지 http://www.dkbooks.co.kr
e-mail dkbooks@chol.com

ISBN 978-89-5676-911-0

프/롤/로/그

아니! 무슨 교육을 그 따위로 해요?
우리 직원이 교육받고 와서 그만두었잖아요!

"당신 교육받고 우리 직원이 일을 그만두었단 말이에요. 직원 구하기가 얼마나 힘든지 알아요? 당신이 직원 구해 줄 거야? 무슨 교육을 어떻게 한 거예요?"

순간 머릿속이 하얘졌다. '내가 무슨 잘못을 한 거지?' '대체 뭐가 잘못된 거냐고?'

'일에 대한 열정'을 갖자는 취지의 강의가 오히려 퇴사를 종용하는 강의가 되고 말았다는 사실에 나는 충격을 받았다. 교육장에는 여러 디자이너가 있었다. 그 가운데 일을 그만둘 구실을 찾던 직원이 있었는데, 그에게 열정의 강조는 반대로 생각하면 열정 없는 일이라면 그만두라는 식의 합리화에 좋은 변명기리가 된 셈이다. 강의를 듣고 나서 미용에 더는 가슴이 뛰지 않는다며 퇴사의 이유를 말하고 홀연히 떠나버렸으니 원장은 불안했을 것이다. 전하려던 의도와 반대되는 결과로 화를 내는 것도 이해할 수 있을 것 같았다.

나는 두려웠다. 이 일로 안절부절못할 정도의 상태가 되었는데, 그때의 심정은 말로는 다 설명하지 못한다. 나는 헤어업계의 전문교육 강사인데 말이다.

일부에 문제가 생기면 그 부분이 마치 전체인 것처럼 확대되어 보이게 마련이다. 마음을 진정시키고 보니, 열정이 없어서 떠난 사람은 그 사람 나름의 판단을 한 것이고, 디자이너로서 성공하기 위해 남은 사람이 떠난 사람보다 여전히 훨씬 더 많다는 사실에 주목하게 되었다. 더는 열정이 없다며 떠난 사람의 말이 진심이든 합리화로 포장한 변명이든 열정이 없다는 사실은 달라지지 않는다. 열정 없이는 고객에 대한 진심도 없다. 이 사실은 달라지지 않는다.

인생에 정답은 없다. '자기만의 길을 개척해 나간다'는 사실만 남는다. 그렇다. 길은 스스로 만들어가는 것이다. 직원을 잃은 원장님 고충을 충분히 이해한다. 직원 구하기가 정말 쉽지가 않다. 하지만 하는 일에 불만만 가득한 사람을 자리에 붙들어 놓는 것 역시 원장님에게도 직원에게도 서로가 불행해지는 일일 뿐이다.

굳이 그날의 교육이 아니었더라도 퇴사는 현장에서는 늘 있는 일이다. 훌륭한 디자이너가 되려면 그만큼 오랜 시간과 인내가 필요한 법이니까. 기술이 전부가 아니다. 안으로는 직원끼리 잘 어울려야 하고, 밖으로는 고객과의 관계 형성도 중요하다. 무엇하나 만만한 게 없다.

30년째 뷰티업계에서 직원 교육을 하고 있는 나는 메이크업 강사로 경력을 시작해서, 세계 유명 화장품 브랜드의 트레이닝 매니저가 되었고, 이제는 헤어업계로 진출해서 활발하게 내 일을 해내고 있다. 30년 차 서비스 교육 강사인 나도 직장생활은 여전히 어렵다. 직장은 내 인생과 전혀 다른 결을 살아온 사람들이 모이는 곳이기 때문이다. 세상에서 가장 어려운 게 사람이다.

디자이너도, 원장님도, 나도 쉽지 않다. 그럼에도 우리가 매번 교육으로 만나는 것은, 서로의 문제를 이대로 방치할 수 없다는 위기의식이 각자의 마음속에 자라잡고 있기 때문일 것이다. 헤어살롱의 생존을 넘어 성장을 목표로 하지만 결코 쉽지 않은 일이다. 서비스는 해마다 진화하고, 경쟁사는 한 달에도 몇 군데씩 새로 생겨난다. 원장이 선장이면, 직원은 선원이다. 원장이 방향을 잡으면, 직원은 선장을 믿고 노를 저어야 한다. 현장에 연습은 없고, 한번 마음 떠난 고객은 다시 돌아오지 않는다. 신규 고객을 받는 것도 중요하지만, 기존 고객을 잡는 것은 더 중요하디. 고객에서 가족과 같은 깊은 관계로 발전하려면 디자이너의 개인 역량만으로는 부족하다. 기술, 감성, 그리고 고객의 감성에 맞춘 매장 분위기는 기본이고, 평준화된 친절과 매너가 모든 직원의 몸에 배어 있어야 한다.

나는 이 책에서 서비스의 기술만을 다루고 싶지는 않다. 기술은 시간이 쌓이면 만들어지지만, 마음은 시간으로 쌓는 게 아니기 때문이다. 좋은 의식이 좋은 미래를 만든다. 크게 성장한 사람들은 하나같이 공통점이 있다. 그들은 하나같이 '나는 왜 일하는가?'라는 자기 물음에 대한 답을 가지고 있다. 이것이 성공을 위한 강력한 마인드를 만든다.

다음으로 '내 고객은 누구인가?'라는 질문이다. 고객이 찾아오는 것을 당연히 여겨서는 안 된다. 그 고객은 수십, 수백 군데의 매장 가운데 우리 매장을 선택했다. 그것이 우연이든 필연이든 이 고객을 내 고객으로 만들기 위해서는 고객을 바라보는 시선부터 달라져야 한다. '내 고객은 누구인가?'라는 질문은 소통의 기술을 스스로 터득하게 하는 최고의 질문이다.

가장 훌륭한 교육은 가르치지 않는 교육이다. 현장은 실전이고, 실전이야말로 무엇보다 큰 스승이다. 나는 이 책에서 우리는 왜 일을 하며, 나의 고객이란 누구인지에 대해 현장에 있는 디자이너와 원장님이 미처 생각해 보지 못한 이야기를 할 것이다.

현장이 원하는 답은 다름 아닌 현장에 있다는 사실을 이 책을 통해 일깨워 줄 것이다. 열정을 잃어가는 디자이너에게는 새롭게 일어설 의욕을 선물할 것이며, 혼란에 빠진 원장님에게는 문제의 실체를 바라볼 수 있는 시각을 열어줄 것이다.

어느 곳에서든 사람과 사람이 만나면 갈등은 피할 수 없다. 갈등이 문제가 아니라, 문제 자체를 알지 못하는 것, 이 혼돈이야말로 진짜 문제다. 지금부터 내가 안고 있는 문제가 무엇인지 함께 찾아가 보자.

이 책을 읽은 후에, 최소한 당신이 안고 있는 문제만큼은 가벼워져 있기를 바란다.

2022년 6월

하 희 선 드림

차/례

Chapter 1. 스펙보다 태도

Chapter 2. 고객의 마음을 훔쳐라

Chapter 3. 리테일 상위 1%의 기술

Chapter 4. 나를 명품으로 만드는 기술

MIND

Chapter 1
스펙보다 태도

당연한 것과 당연하지 않은 것들

온종일 보내는 일터에서 하는 우리의 행동 중에, 우리가 잘하고 있는 건 어떤 것일까? 또 우리가 잘 못하거나 안 하는 것은 무엇일까? '그런 게 뭐가 있지?'하고 가만히 생각해 보면, 너무도 당연한 거라서 하기도 하고, 않기도 하는 것들이 떠오르게 된다.

인사, 대화, 소통, 미소, 대답하기

잘하고 있는 것, 잘하지 못한 것은 공교롭게도 같은 행동들이다. 너무 기본적이고 당연한 것들인데, 우리는 이 행동들에 인색하다. 그냥 인색한 정도가 아니라 잊고 있는 게 아닐까 싶을 때도 있다. 아니면 익숙하지 않아서일까? 어릴 때부터 배웠고, 잘해왔을 이것들을 시간이 지나면서 조금씩 잊게 되고, 하지 않게 되는 것이다. 몰라서 못 한다면 배우면 된다. 하지만 너무도 당연하고 아주 쉬운 위의 행동들을 하지 않는 이유를 물어보면, "친절하게 했다가 오히려 손해를 봤다."는 대답이 돌아온다. 친절하게 대해주면 친절한 사람으로 받아들이는 게 아니라, 막 대해도 되는 사람, 바보 같은 사람으로 취급당한다고들 이야기한다. 이렇게 우리는 서서히 당연한 것들을 하지 않게 되면서, 자신도 물론 힘들지만 서로간에도 점점 힘들고 어려운 관계가 되어가고 있다. 그러지 않아야 한다는 것을 알면서도 안 하기로 작정한 사람들처럼 말이다. 그러니 기본만 해도 내가 괜찮은 사람이 된다는 걸 기억하자.

하루하루 내가 어떤 모습을 만들어 가느냐에 따라 스스로 만들어져 가는 것

"오늘은 며칠인가요?"라고 물으면 당신은 바로 답할 수 있는가? 바로 답을 할 수 있는 사람은 오늘이라는 날이 자신에게 한 달 중 중요한 날임이 틀림없다. 월급날, 생일날, 내가 좋아하는 사람을 만나는 날.

장소의 이정표가 있듯 날짜에도 나만의 이정표가 있는 셈이다. 나의 경우, 오늘이 며칠이라는 날짜의 개념보다 눈을 뜨면 오늘이 무슨 요일인지, 오늘은 어느 곳에서 교육이 진행되는지를 먼저 체크한다. 나는 고객을 직접 만나 응대하는 서비스업에 종사하는 사람들을 대상으로 교육하는 일을 하고 있다. 그러기에 현장 교육이 있는 날은 더욱 신경이 쓰일 수밖에 없기에 교육하는 날짜에 민감한 게 당연하다. 매일의 일상 속에서 내가 어떤 생각을 하고 집중하는가가 모여서 한 달의 나, 한 해의 나, 내가 원하는 모습의 내가 만들어진다.

예전에 상사 한 분은 "너는 월급날이 빨리 오니? 더디 오니?"라고 물었다. 그 당시 나는 경험이 전혀 없는 분야에서 일을 시작하는 터라 정말 시간이 어떻게 지나가는지 모를 정도로 일을 익히는데 정신이 없었던 때였다. "월급날이 금방 온다."고 하니, "너는 일을 열심히 하는 거야. 그러니까 어느새 월급날이지. 열심히 안 하는 사람들은 월급날이 아주아주 더디 오는 거야."라며 말씀하셨다. 그 말을 들으면서 '그럴 수도 있겠구나!'라고 생각했다. 그땐 그랬다. 무엇엔가 몰두해 있으면, 주위의 것들이 보이지도 신경 쓰이지도 않는 법이니까 말이다. 그런 날들이 모여 나를 만들고 있었다.

오늘은 내가 제일 좋아하는 날이야.

몇 해 전부터 자기 위로에 관련된 책들이 인기 도서로 자리매김하고 있는데, 그중 곰돌이 푸우가 그려진 《행복한 일은 매일 있어》라는 책이 있다. 힐링하게 해주는 종류의 책일 것이라고 짐작하고 있던 나는, 이 책의 한 구절을 읽고는 바로 책을 구입하기로 결정해

버렸다.

만약 당신이 친구에게 "오늘 무슨 요일이야?"라고 물었는데, 친구가 "월 요일이야.", "수요일이지."라고 말하지 않고 "오늘이야."라고 답을 한다면 당 신은 친구에게 뭐라고 하겠는가? 친구 의 상태가 심히 걱정되거나 '얘가 왜 이러지?'라고 생각할 것이다. 같은 상황이 푸우에게 일어난다. "오 늘 무슨 요일이야?"라고 피글렛에게 물었는데, 피글렛은 아주 귀찮 다는 듯 생각 없이 "오늘이야."라고 한다. 이때 푸우는 피글렛을 구 박하거나 무시하지 않은 채 이렇게 말한다.

"와!! 오늘은 내가 가장 좋아하는 날이야."

'이게 무슨 말이지?'하면서 몇 번을 다시 읽다가 순간 망치로 한 대 맞은 듯한 기분이 들었다.

아침에 눈을 뜨면서 떠오르는 해처럼 내 마음도 밝고 긍정적이 면 좋으련만, 그날 있을 회의나 힘든 일들 생각에 "오늘이 없었으 면 좋겠다."라든지 "빨리 무사히 지나가길….."을 주문처럼 얼마나 말했던가. 그런데 푸우는 친구의 "오늘이야."라는 말에 "와우, 오늘은 내가 가장 좋아하는 날이야."라고 말하다니! 그럼 매일을 가장 좋아하는 날로 보내는 거야? 내가 애쓴 '오늘'을 가장 좋아하는 날로 만드는 푸우가 특별해지기 시작했다. 그리고 힘들고 짜증나는 일이 있을 때면 주문처럼 "오늘은 내가 좋아하는 날이야!"를 나에게 말해 주기 시작했다. 신기하게도 마음은 조금씩 괜찮아졌고, 표정도 조금씩 밝게 변해갔다.

그러던 중 푸우에 버금가는 자뻑의 대가인 펭수가 외쳤다. "Love myself!". 인기가 날로 치솟고 있던 어느 날 펭수에게 누군가가 인기의 비결을 물었는데 펭수가 그랬다. 인기 비결은 바로 '자기 본인'이라고! 그러면서 'love myself'를 말하는데 "맞아, 바로 저거야!" 펭수의 자신감에 웃기기도 하면서도 왠지 공감이 된다. 내가 잘한 게 맞으니까.

오늘을 어떤 날로 만들 건지도 내가 정할 수 있는 것이고, 나를 사랑하는 것도 내가 할 수 있는 일이었다.

"어떤 헤어디자이너가 되고 싶나요?"

이른 아침 교육을 위해 헤어살롱에 다소 일찍 도착했는데, 강사인 나보다 더 일찍 나온 인턴이 있었다. 이미 헤어와 메이크업이 완성된 상태로 교육 준비를 적극적으로 도와주던 인턴에 대해 궁금해졌다. 어떤 마음으로 일을 하는 직원일까?

"선생님은 어떤 디자이너가 되고 싶어요?"

이런 질문에 바로 답을 하는 분들은 흔하지 않다. 하지만 이 디자이너는 "저는 고객이 저를 다시 찾는 디자이너가 되고 싶어요."라고 즉답을 하는데 너무 놀라지 않을 수가 없었다.

'이거면 다 아닌가?'

고객이 나를 다시 계속 찾는다면 게임은 끝난 거다. 예전 화장품 회사에서 교육팀장으로 근무할 때, 어느 해인가 일본 본사에서 정한 매장활동 미션이 〈다시 찾는 매장 만들기〉였다. 그 당시에는 '너무 당연한 말인데 이게 미션이라고?'라고 생각하면서 매장의 직원들에게 고객이 우리 매장을 다시 방문할 수 있도록 교육을 기획하고 준비하고 진행했다. 같은 미션을 가지고 한 방향으로 집중해서 달려가야 하니까. 그런데 근무경력이 얼마 되지 않는 인턴의 입에서 그런 말이 나오다니! 놀라움과 반가움, 그리고 괜한 뿌듯함이 느껴졌다. '어떻게 이 어마어마한 걸 알았지?' 어떻게 그런 생각을 했냐고 너무 궁금해서 다시 물어봤다.

"제가 여기서 일하다 보니 우리 선생님을 찾아 다시 오는 고객들을 보면서 선생님이 부러웠어요. 저도 열심히 해서 고객들이 저를 찾아 다시 오면 좋겠어요."란다. 생글생글 웃으면서 다시 분주하게 나를 도와주던 그 인턴은 분명 그런 디자이너로 성장할 것이다.

어떤 디자이너는 "매출이 많은 디자이너가 되고 싶다."고 했다.

매출이 많은 디자이너가 되기 위해 자신만이 하는 노력이 있느냐고 물어봤다. 뾰족한 답은 없었다. 원하는 목표는 있지만 이루기 위한 노력을 하지 않는 경우가 대부분이고, 나 또한 그런 적이 많았다. 원하는 모습은 되고 싶지만, 그 모습이 만들어지기까지 어렵고 귀찮은 일은 하기 싫고, 하고 싶은 것만, 쉬운 것만 하려고 했다. 최소한 내가 좀더 나은 모습이길 원한다면 지금보다 다른 나를 만들어야 한다. 하루하루 내가 어떤 노력을 하느냐에 따라 내 모습이 정해지니까. 푸우처럼. 오늘은 내가 만드는 감정과 행동에서 시작된다.

우리가 부러워하는 소위 잘 나가는 사람, 내가 닮고 싶은 그 사람도 하루 아침에 만들어지지 않았다. 내가 원한다고 하루 아침에 요술 램프 속 지니처럼 만들어주는 '결과'는 없다. 하루, 하루, 한 달, 한 달이 모여 내가 만들어진다.

"사실 저 역시 매일 노력하고 그러는 사람은 아니었습니다. 계획을 세우고 실천 못하면 말고 그렇게 지내다가 나도 괜찮은 나를 만들고 싶어진 시간을 만나게 되었어요."

인디언의 달력

강의를 듣다가 알게 된 책 한 권이 있다. 류시화 시인이 엮은 시애틀 추장이 지은 책, 《나는 왜 너가 아니고 나인가》. 책 제목이 뭔

가 철학적인 게 맘에 들었고 내용이 궁금해졌다. 책을 구입해야겠다고 생각하는 순간 강사분이 "책은 사지 않아도 돼요. 너무 두꺼워요."라고 했다. 그럼에도 바로 주문을 했더니 정말 벽돌보다 더 두꺼운 책이 도착했다.

인디언 추장들의 연설문을 모아놓은 책인데, 어디를 펼쳐도 필사를 하고 싶은 내용이 가득하다. 책장을 덮고 잠시 생각에 잠기게 하는 부분도 많은 책이었다. 드문드문 읽은 글들에서는 우리가 생각했던 인디언들의 이미지와는 너무나 달랐다. 지혜로우면서도 현명한 그들의 '자연과 사람을 하나'라고 여기는 생활방식과 사람들 간의 따스한 이야기, 그리고 인디언 부족의 마지막을 예감하는 안타까움이 가득 묻어 있었다. 900여 페이지를 이리저리 뒤적이다 맨 뒤를 보았더니 인디언 달력이 있었다. 인디언의 달력은 지금의 달력과 다른 걸까? 그랬다. 우리는 지금 2022년 어떤 날을 전 세계의 모든 사람들이 달력의 같은 날로 살고 있지만, 인디언들은 달랐다. 자기 부족만의 준비와 되돌아봄이 있었다. 열두 번의 행복한 달들이 마치 내 앞에 있는 듯했다.

'옥수수 심는 달', '옥수수 김 매는 달', '옥수수 모양이 뚜렷해지는 달' 등 '어느 부족에겐 옥수수가 참 중요했나 보다'라고 상상할 수 있게 그 부족의 달력 이름에는 옥수수가 빠지지 않았다. 지금처럼 문명의 혜택을 전혀 볼 수 없었던 인디언들은 자연의 변화와 주위환경을 미리 알아야 했고, 준비해야 살아갈 수 있었던 것이다.

나만의 인디언 달력을 만들어보자.

나의 한 달에, 아니 일 년에 인디언 달력을 적용해 보면 어떨까?

나의 한 달은 어떤 일들로 채워질까? 어떤 계획을 하고, 그 과정을 보내며, 결과를 얻었는가. '어떤'을 적어가는 과정에서 나만의 인생 달력이 만들어질 것이다.

월초에 계획을 세우거나, 한 달을 보내면서 이 달은 나에게 어떤 의미였나를 적어본다면 훗날 그 시절의 나를 만나는 소중한 자료가 될 것이다. 지금의 힘든 일들을 영원히 잊지 못할 거라며 괴로워하지만, 작년 이맘때 어떤 일이 있었는지조차 대부분 기억하지 못하는 게 우리다. 망각할 수 있다는 건 최고의 선물일 때가 있다. 살면서 너무 힘들었던 달, 백수였다가 내가 원하는 곳으로 출근해서 너무 기뻤던 달, 아팠다가 완쾌된 것을 감사한 달. 이렇게 역경은 성장을, 감사는 일과 사람에 정성을 더하게 될 것이다.

1월, 2월이라는 정해진 숫자의 개념을 떠나 한 달, 한 달 내가 지금 머무는 계절이 나에게 어떤 의미인지, 내 삶의 가치를 바라볼 수 있는 시간이 될 것이다. 내가 가장 중점을 두고 중요하게 생각하는 가치를 찾고, 내가 잊고 지나갈 수 있는 나를 만든 내 삶의 스토리도 한눈에 읽을 수 있는 나만의 인생 달력을 만들어보는 거다.

2020년 1월 나의 달력은 '올해 첫 교육이 지방 출장, 교육 풍년 예감', 2월 달력은 '코로나로 모든 교육이 뚝 끊긴 달', 3월은 '교육하고 싶은 달', 4월 '감사하게 교육이 다시 시작된 달'. 2021년 3월은 '준비를 많이 하다가 처음으로 비대면 교육을 했던 달'이다. 나만의 기억 달력을 보면서 내가 어떤 마음이었는지, 어떤 준비를 했었는지가 파노라마처럼 펼쳐진다. 그때의 절실함과 감사함이 기억난다.

매달 초, 매일 아침, 전 직원이 파이팅을 외치는 것도 좋지만, 각자의 한 달을 만들어보고 이야기를 공유하고, 서로 응원해 준다면 어떨까. 나를 더 알게 되고, 응원하고 사랑하게 되는 시간이 우리에겐 필요하다.

힘들면 그만두세요

나의 인생을 한 단어로 표현하면?

한 해의 끝에 서면 새로 다가오는 해에 대한 기대감과 함께, 올해 이루지 못한 것에 대한 아쉬움도 남는다. 지나간 건 지나간 것이기에, 다가오는 새해를 잘 보낼 수 있도록 계획을 다시 세워본다. 여러 가지 계획을 세우기에 앞서 '올해 내 인생 단어'를 먼저 정해 보자. 올해 내 인생 단어를 정하고 나면 왜 그 단어로 정했는지 이유 (Why)와 그 목표 단어를 실현하기 위해 어떤 방법(How)으로 무엇을 (What) 해야 할지도 정해질 것이다.

당신은 좋은 사람이 되고 싶은가? 아니면 더 좋은 사람이 되고 싶은가? 사람들은 '더'라는 단어가 들어가면 뭔가 더 풍성하고 우위를 차지하는 느낌을 가지게 되나 보다. '더 좋은 사람이 되고 싶다'를 택한다면, 당신이 답한 '더' 좋은 사람이 되기 위해 어떤 노력을 하는가? 너무 어렵게 생각하지 않아도 좋다. 아무것도 아닌 것 같아도 꾸준히 노력하는 '하나'만 있으면 된다.

인생의 한 단어를 무엇으로 정할 것인가? 성장? 봉사? 나눔? 사랑? 어떤 것이어도 상관없다. 당신이 정한 그 단어로 인해 당신은 지금보다 조금 더 성장하고 꿈을 이뤄가는 사람이 된다. 누군가에게 밥을 사주며 베푸는 사람이 되어도 좋다. 하지만 너무 힘들 때 머리로 생각하지 않고도 그냥 만나고 싶은 사람, 아무도 만나고 싶지 않고, 아무에게도 말하고 싶지 않은 이야기를 말하고 싶게 만드는 사람, 다 받아줄 것 같은 사람이고 싶다. 누군가가 쉽게 다가올 수 있는 사람, 누군가가 어려운 이야기를 털어놓을 수 있는 사람, 머리로 말하지 않고 마음이 말하고 싶은 대로 말할 수 있는 사람이면 된다.

효과, 효과, 효과

조직의 리더들이 바라는 이상적 직원상은 애사심을 가진 것은 물론 일에 대한 가치와 의미를 찾은 직원들이다. 해야 할 일은 물론이거니와 알아서 일을 찾아서 해내는 그런 직원 말이다. 물론 흔하지는 않다. 하지만 내가 하는 일에서 이유와 의미를 찾을 수 있다면 힘은 여전히 들겠지만 일하는 태도가 조금은 달라질 수도 있을 것이다.

맥도날드 효과에 대해 들어본 적이 있는가? 맥도날드 효과에는 여러 의미가 담겨져 있다. 단순하게 패스트푸드 레스토랑의 의미뿐만 아니라 맥도날드의 경영 방식이 사회에 미치는 다양한 영향을 총칭하여 맥도날드 효과라고 한다. 경영 방식과 관련해서는 효율성(efficiency)과 예측가능성(predictability), 통제(control)를 위한 최상의 방식을 제공한다는 것인데, 나는 다른 의미의 맥도날드 효과를 말하고 싶다.

화장품 회사 교육팀장 시절, 본사로부터 제품 교육을 받기 위한 해외 출장을 다녔는데, 회사일로 가는 출장은 여행과 달라 휴식이나 쇼핑의 여유시간에 대한 계획 같은 건 없었다. 아침부터 늦게까지 교육받고 미팅하다 보면, 어느새 한국으로 돌아오는 비행기에 앉아 있곤 했다. 어느 해인가 조금 일찍 도착한 유럽의 출장지에서 저녁을 먹으러 나갔던 나는 무얼 먹어야 할지 몰라 한참을 헤매고 있었다. 뭐든 잘 먹을 것 같지만 편식을 하는 편이라 해외 출장에서 식사로 곤란을 겪을 때가 있었는데, 그 날도 숙소 근처를 돌면서 식사를 할 만한 음식점을 찾고 있었다.

배는 점점 고파오는데, 음식점 쇼윈도우의 메뉴 사진은 편식이 심한 나에게는 다 위험한 음식처럼 보였다. 눈을 크게 뜨고 두리번거리고 있었는데, 저 멀리 반가운 로고가 눈에 띄었다. 노란색 M자. 맥도날드였다. 아! 안도의 한숨을 쉬었고, 편해진 마음으로 저녁을 해결했다. 낯선 곳에서 만난 맥도날드는 구원이었고, 안도감을 주었으며, 다시 갈 수 있는 케렌시아(안식처)였다. 해외에서 맥도날드를 만나 보니 자신에게 익숙한 것을 다시 찾는다는 맥도날드 효과를 몸소 체험하는 시간이 되었다.

얼마 전 뉴스를 보니 직장인의 한 회사 근속연수가 몇 해 사이 짧아졌다는 보도가 있었다. 내가 교육을 주로 하면서 만나는 헤어살롱도 예외는 아니다. 교육을 마치고 다음에 보자며 인사를 나누었던 분들을 다음 번 교육에 가서 찾으면 이미 그만두었다고 하는데, 아쉬운 마음이 가득하다. 다시 새로운 분들과 만나 처음부터 다시 이야기를 해야 하고, 이전의 이야기는 나만의 추억이 된다. 나와 나눈 현장의 이런저런 이야기들을 함께 이야기할 수 있고, 언제 방문하든 아는 얼굴이 반가이 맞아준다면 얼마나 좋을까 하는 생각을 하는데, 고객의 입장에서는 얼마나 더 그럴까? 내 헤어스타일을 예쁘게 만들어준 디자이너를 만날 거라는 기대를 하고 재방문했지만, 그만두었다는 이야기를 들으면 아쉬움을 넘어 배신감을 느낄 때도 있을 것이다. 고객은 다시 헤어 유목민이 되어야 할지도 모른다.

1997년 시세이도 코리아가 한국 법인으로 만들어질 때부터 창립 멤버로 일을 시작한 나는, 그 당시 일하던 화장품 부서는 아니지만 시세이도 코리아 소속으로 프로페셔널 부서에서 근무할 때 예전에 교육했던 백화점 매장의 직원들을 만나면 직급을 떠나 동지의 느낌으로 그렇게 반가울 수가 없었다. 헤어 경력이 전혀 없던 내가 헤어살롱의 인턴, 디자이너, 관리자, 원장 대상으로 기술을 제외한 현장에 필요한 태도와 마인드를 중심으로 하는 서비스 교육을 진행한 지 벌써 10년째이다.

헤어업계에서 일하는 동안 나는 교육 때마다 신청한 교육생들의 전화번호를 저장하고, 자동 문자로 교육 안내가 나감에도 굳이 내 개인 번호로 다시 문자를 보내는 일을 매번 빠짐없이 했었다. 그랬더니 사람들은 의아해 하며 왜 그렇게까지 하는지 묻는다. 왜 굳이 개인번호를 알려줘서 번거로운 일을 자처하냐고. 그리고 개인 번호를 알려주는 건 아닌 것 같다고도 했다. 하지만 자동 문자 번호로 나간 안내 문자로는 신청자들이 궁금한 점이 있어도 물어볼 수 없고, 사정이 생겨 불참하는 경우에도 연락이 되지 않는다. 교육 전부터 신청한 분들과 교감을 나누는 것 역시 '교육의 일부'라고 생각했기 때문에 번거롭다 생각하지 않고 당연한 마음으로 문자를 보냈고, 지금도 여전히 그렇게 안내를 하고 있다.

"강사님, 안녕하세요? 저 혹시 기억하세요?"

"네, 그럼요, 반가워요. ○○선생님."*(이름도 말하지 않고 연락을 해왔지만 내*

핸드폰에는 저장된 이름과 직급, 헤어살롱 이름이 떴다.)

"앗! 제 이름을 아세요? "

"그럼요, 저장되어 있어요. 잘 지내세요?"

"어머! 감사해요. 감동이에요. 저 이번에 오픈하게 되었는데, 어디다 연락해야 할지 몰라서요. 강사님 번호만 가지고 있어서 연락드렸어요."

"축하드려요! ○○원장님이라고 불러야겠어요. 그런데 원장님, 제가 브랜드를 옮겼어요, ◇◇로요."

"아, 그럼 저 그 ◇◇으로 사용해야겠네요. 영업 담당하실 분 보내주세요. 자주 만나요, 강사님."

디자이너였을 때 교육을 받고 이제는 오너가 되어 본인 샵을 오픈하는데, 우리를 만나게 해준 브랜드가 아닌 내가 지금 일하는 곳의 브랜드를 입점하겠다고 한다. 교육을 듣기 위해서라도 입점을 해준다는 원장님이 계신다. 교육을 하는 강사인데, 영업에 도움을 줄 수 있다면 금상첨화 아닐까? 내가 하는 일은 단순히 교육만이 아니었던 것이다.

"강사님, 저 이번에 교육 가는데 계셔서 너무 좋아요. 도착해서 연락드릴게요. 얼굴 봐요."

교육을 받으러 오거나, 업무 차 본사를 방문하는 분들의 한결같은 인사말이다. 맥도날드 효과가 바로 이런 거구나! 내가 어디에 있든 교육을 받으러 오거나, 뭔가 궁금한 게 있을 때 언제든 편하게 연락할 수도 있고, 샵을 오픈하면 제품도 입점하게 되고, 자주 올 수 있게 하는 효과였다.

맥도날드 대신에 내 이름을 넣어서 〈하희선 효과〉라고 말해 본다. 여러분도 자신의 이름 뒤에 효과를 넣어보라.

'○○○효과'

그리고 어떤 전문성과 익숙함, 편함을 제공할 수 있는지도 생각해 보라. 이 순간이 바로 당신의 가치가 만들어지는 순간이다.

얼마 전 이사를 하면서 간단한 인테리어 소품을 구입하기 위해 이케아를 방문했다. 통째로 옮겨 왔으면 좋겠다고 생각할 정도로 여리 스타일의 가구, 소품들이 유혹적이다. 사람들이 '이케아, 이케아' 하는 이유를 알았다. 사이드 테이블과 선반을 구입하여 집에 와서 사이드 테이블 조립 설명서를 보면서 직접 맞춰 끼우고 조여서 완성했다. 나도 이런 걸 할 수 있다는 자신감도 생기고, 내가 만든 완성된 테이블이니 더 예뻐 보였다. 나중에 '이케아 효과'라는 경제학 용어가 있음을 알게 되었다. 나의 시간과 노력과 애정이 담겨 있는 것을 더욱 소중히 여기고, 다른 것보다 가치 있게 여긴다는 것이었다. 내가 조립한 이케아 사이드 테이블 이상으로 내가 '오랫동안 하는 일'이 그랬다. '교육'은 내가 더 열심히 하고 싶고, 내가 더 잘하고 싶게 만드는 가치가 되었다.

헤어업계에서 일한 지도 10년째가 된다. 어색하고 낯설었던 환경과 내가 알지 못하는 헤어살롱의 하루. 알아야 했고 더 알고 싶어서 공부했고, 원장님들을 만나 이야기를 나누고, 교육을 하면서 디자이너와 인턴들의 마음을 들여다 봤다. 24시간 중에 잠자는 시간과 교육과 회의하는 시간을 빼고는 연락에 답을 해주고, 미용을 하지는 않았지만, 헤어살롱 근무자의 불편함을 헤아리려 노력했다.

10년 전 헤어살롱에 대해 잘 모르던 때, 헤어살롱의 일과를 경험하라는 상사의 업무 지시가 있었다. 브랜드에서 연락해줘서 나갔음에도 불구하고 한 시간 쯤 지나자 살롱의 매니저는 "여기 계시는 게 불편하니 그냥 돌아가시면 안 될까요?"라고 했다. 서로가 불편했던 시간이었다. 그러던 내가 교육을 통해 미용인들과 관계가 형성되고 돈독해지면서 지금 하는 내 일은 시간과 노력과 사랑이 담긴 '종합 선물 세트'가 되었다. 당신이 지금 하고 있는 일이 힘들다고 투덜대면서도 그만두지 않는 이유를 생각해 보면 된다. 내 열정과 시간과 노력을 쏟았기에 투덜대면서도 계속할 만한 의미와 가치가 있는 것이 아닐까?

 교육 시간에 수강생들에게 "지금 하는 일이 힘들다고 그만두고 싶은 분 손들어 보세요."하면 아무도 손을 들지 않는다(마음속으로는 이미 정했다 해도 교육 시간에 손 들 사람은 없다는 것도 안다). 힘들다면 그만두면 되지, 왜 투덜대면서도 일하는지 이상하지 않은가? 그건 바로 개인이 지금 하는 일에 쏟은 시간과 노력, 애정, 지불한 돈이 있기 때문 아닐까? 똑같은 급여를 받는다면 현재 일을 그만두고 다른 일을 선택해도 되는데 이 일에 투자한 유·무형의 것들이 그대로 남아 있기 때문일 것이다. 내가 머무는 이유를 잘 생각해 보면 말로는 설명할 수 없는데, 뭔가 아쉬운 것들이 있기 때문이다. 그 아쉬운 것들이 바로 내 노력과 시간, 애정의 종합선물세트이다.

 어린왕자를 만난 여우는 헤어짐의 장면에서 "머리카락이 황금빛인 어린왕자와 헤어져도 황금빛 밀을 보면 생각이 날거야."라고 하면서 "누군가를 소중하게 만드는 건 그 누군가에게 쏟은 시간 때문이다."라고 했다. 당신은 당신의 일에 충분한 시간과 애정과 노력을 다했는가?

 화장품 회사에서 근무할 당시 헤드헌터들로부터 꾸준히 연락이 왔었다. 커리어 패스를 위해 더 많은 연봉을 제시하면서 이제 다른 브랜드로 이직할 시기라고 했다. 그런데 지금 생각해도 이해할 수 없을 정도로 난 이직에 대한 생각이 없었다. "연락을 줘서 감사하다."라고 하거나, "나 대신 더 좋은 사람을 소개시켜 주겠다."거나 "지금은 타이밍이 아니다." 등의 말로 완곡하게 거절했다. 시세이도 코리아의 창립 멤버로 시작해서였을까? 한국 현지 법인의 창립 멤버로 회사에 쏟은 애정, 함께한 사람들, 자료 등을 만들기 위해 투자한 시간과 노력이 다른 사람들에 비해 훨씬 컸으리라. 당시 왜 '이직을 택하지 않았을까?' 하는 의문이 최근에 들었는데, 바로 '이케아 효과' 때문이었음을 알게 되었다.

사실 지금 내가 하고 있는 교육이라는 일은 티가 많이 나는 일도 아니고, 유명해지는 것도 아니고, 돈을 많이 버는 것도 아니다. 그럼에도 불구하고 내가 지금의 내 일에 진심과 열정을 다하는 이유는, 내가 하는 일에 어마어마한 가치를 내 스스로 부여하고 있기 때문이다. 전혀 경력이 없던 헤어업계에서 교육을 한 10년은 돈으로 바꿀 수 없는 나의 시간과 노력, 마음이 고스란히 담겨져 있다.

당신의 마인드가 당신의 미래입니다

누군가를 만나면 어디에 눈길이 가장 먼저 가나요?

헤어살롱의 직원들을 대상으로 교육 전에 헤어살롱 워크 '경력 없음'을 고백한다. 헤어제품 회사 소속이니 헤어살롱에서는 당연히 내가 살롱 워크 경력이 있는 줄 알기 때문이다. 하지만 교육을 받기 위해 온 그들보다 내가 더 오랜 헤어살롱의 경력이 있다고 말하면 다들 궁금해 하는데, 그것은 바로 '고객 경력'이다. 살롱 워크 경력은 없지만, 고객 경력이 있는 사람이 가끔은 현장을 더 잘 볼 수 있다는 것을 그런 식으로 은연중에 암시한다. 10년차 헤어살롱 교육을 하는 나는 헤어살롱 직원의 입장과 고객의 입장을 동시에 가지고 교육을 진행한다.

"많은 브랜드의 제품 교육을 받을 때, 강사들을 보면서 '잘 한다' 또는 '별로다'라고 평가하시죠?"

본인이 직접 나서서 하지는 못해도 남을 평가하는 일은 누구나 잘하는 일 중의 하나이다. 축구시합에서 응원하는 팀이 지고 있으면 축구 좀 한다는 남자들은 이미 다 선수이고, 감독이고, 코치다. 그런 의미에서 난 비록 헤어살롱 근무 경력은 없지만 오랫동안의 고객 경력과 교육 경력을 가지고 있으므로 어떤 살롱이 앞으로 더 잘 될지, 어떤 디자이너가 잘 성장할지가 보인다. 이건 비단 나뿐만 아니라 관심을 가지고 지켜본 사람이라면 누구나 알 수 있는 일이다.

20대에 운전면허 시험을 준비할 때였다. 당시는 기어를 변환하며 운전하는 스틱 자동차로 면허시험을 준비했는데, 이게 보통 어려운 게 아니었다. 지금 하라고 하면 절대 못하지만 그때는 열심히 연습해서 시험에 합격도 했다(지금도 믿기지 않지만 말이다). 시험 전에는 운전 연습장에 가거나 친구를 만나러 가는 버스에서 내 자리는 항상 기사님 바로 뒤였다. 좌석이 비어도 앉지 않고 바로 가사님 뒤에 서서 기어를 변환하면서 운전하는 기사님을 존경의 눈빛으로 감탄하며 내내 지켜보았던 기억이 있다. 운전을 멋지게 해내는 기사님이 신기하고 위대해 보였다.

메이크업을 배울 때는 거리에서 만나는 모든 여자들의 메이크업만 보였다. 그렇게 내 관심사, 그리고 내가 해내야 할 일들만 눈에 들어오는 법이다. 화장품 회사에서 내부 직원 대상 교육만 하다가 헤어살롱이라는 외부 고객 대상의 서비스 교육을 시작할 때는 다른 강사들의 강의를 정말 많이 들었다. 어떤 내용을 적용할 수 있을까, 어느 포인트에서 웃는지, 어떤 이야기에 몰입되는지를 눈여겨 보았다. 현재 내가 어떤 일을 하고 있느냐, 어디에 기준을 두고 살아가느냐에 따라 관심과 관찰의 대상은 변하게 된다.

타인을 처음 만나 이야기를 나누거나 또는 누군가를 지켜볼 일이 생기면, 어느 부분을 가장 신경 쓰고 보게 되는가? 아마 당신의 현재 관심사에 눈길이 먼저 가게 될 것인데, 그 곳이 바로 당신 스스로 가장 신경쓰는 부분일 수도 있다.

어느 순간부터 타인을 보면서 나름대로의 상대방을 판단(?)하는 나만의 기준이 생겼다는 것을 알게 되었다. 아파서 병원을 갔다 나오면서 '다시 온다, 안 온다'를 결심하게 되고, 헤어살롱에서 머리를 하고 나오면서 앞으로도 계속 올 건지 아니면 헤어 유목민이 될 것인지를 결심하게 된다. 전문가들을 만나고 나오는 길에 재방문 의지를 결정하는 건 그들의 실력이 아니었다. 실력보다 중요한 뭔가가 있었다.

'태도'

나만의 기준이 생겼다. 어디를 가든, 누구를 만나든 그 사람의 직업이나 직급보다 중요하게 보는 것이 있다. 그 사람의 직급, 직업, 겉모습이 아니라 가장 기본적인 '태도'가 보였다. 의사가 병을 고치고, 약사가 약을 짓고, 헤어디자이너가 머리를 하는 건 그냥 '일'이고 '직업'이다. 중요한 건, 내 일에서 나를 더욱 전문가답게, 나를 한 번 더 만나고 싶게, 한 번 더 가고 싶게 만드는 것은 그 전문가의 '태도'였다.

내가 원하는 나의 미래는 언젠가 이루어질 것이다. 간절히 원하면 우주의 기운도 나를 도와준다고 하지 않았던가? 우주의 기운은 둘째치고라도 내가 원하는 미래의 모습을 위해 공부를 하고 기술을 익히며 부단히 노력한다. 하지만 공부나 기술의 습득과 축적만으로는 뭔가 부족하다. 본질은 유용하지만 불충분한 조건이다. 당신의 태도가 당신이 원하는 미래를 만들어 준다는 사실을 기억하자.

기술에 날개를 달아줄 태도

"헤어만 잘하는 사람이 되고 싶은가요?"

"헤어도 잘하는 사람이 되고 싶은가요?"

조사 '만'과 '도'의 한 끗 차이는 어마어마한 것이어서, '만'이 아니라 '도'가 되려면 반복적이고 지속적인 연습으로 내 몸이 기억하게 해야 한다.

과연 나의 전문성에 날개를 달아줄 태도란 무엇이며, 우리는 그

것을 어떻게 장착해야 할까?

서비스 교육을 받으러 온 직원들에게 서비스에 대한 생각, 느낌을 물어보면, 그저 비슷한 내용일 거라는 선입견과 함께 서비스 교육은 지루한 것, 별로 배우고 싶지 않은 것, 뻔한 것이라고 한다. 심지어 서비스업에 종사하면서도 서비스 교육은 받아 본 적이 없거나, 예전에 받은 기억이 있다고(과거형) 한다. 그럼에도 스스로는 '서비스를 하고 있다'고 생각한다. 실로 위험한 생각이고, 큰 착각이다.

'살롱 워크 경력 없음'의 강사와 '서비스 교육 받아본 적 없음', '1회성 서비스 교육 경험'의 직원들이 만났다. 서로 '없음'이니 이제부터 배워 가면 된다. 내 기술과 지식에 날개를 달아줄 '태도와 마인드'부터!

예절과 인성의 기준은 사람마다 달라요.

'당신의 마인드가 당신의 미래입니다.'라는 말에 동의하는가? 그렇다면 내가 원하는 나를 만들어 줄 '마인드'에는 어떤 것이 있을까? 예절, 인성이라고 답을 하는데, 문제는 이것들이 눈에 보이는 것이 아니라는 데 있다. 아니 기준이 다 다르다. 나는 '이것이 예절'이라고 생각하는데, 상대방에게 '그' 예절은 없었다. 인성이 좋은 건 알겠는데, 어떤 행동 때문에 인성이 좋다고 하는지 궁금하다. 뭉뚱그려 말하지 말고 더 자잘하게 자세하게 우리가 고개를 끄덕일 수 있는 행동들을 말해 보라면 어떤 것이 있을까? '말투', '인사', '웃어주는 것', '잘 들어주는 것', '질문에 대답해 주는 것', '뭐든 열심히 하는 것' 등 다양한 답이 나올 수 있다. 사소한 것들이고 어렵지도 않은 것들이다. 하지만 너무 기본적인 것이라 우리가 잊고 있는 건 아닐까 싶은 것들이다.

전문가들은 자신의 전문적 지식·기술이 우선이고 최우선이니 기술을 습득하기 위해서 많은 것을 투자한다. 하지만 우리가 멘토나 롤모델을 정했을 때, 전문적 지식과 기술만이 최고라서 닮고 싶은 것일까? 아닐 것이다. 그들의 전문적인 부분에 더해 그 사람의 태도 때문에 우리는 그들에게 더욱 열광하는지도 모른다.

서비스 교육을 원하는 리더들의 공통된 멘트는 "이제는 서비스 교육이 필요하다."이다. 왜 '이제는'일까 하는 아쉬움은 있지만. 기술만으로 부족하다는 것을 현장에서 실감하고 있다는 것을 알 수 있다. 기술을 전수하려면 플러스 요인이 필요하고, 그 플러스가 서비스 교육이다. 어떤 서비스 교육이 필요한 것인지 상담을 하다 보면 결국은 서비스를 제공하는 '직원'의 태도와 마인드로 좁혀져 감을 알 수 있다. 서비스를 제공하는 사람의 행동은 매뉴얼에 의해 움직여지지만, 거기에 마음이 더해져야 받는 쪽에서는 서비스와 배려를 동시에 받았다고 느끼기 때문에 태도와 마인드의 중요성이 부각되는 것이다. 나의 태도와 마인드가 상대방이 나를 어떻게 대하게 할 건지를 결정한다. 고객의 마음을 움직이게 할 수 있고, 나를 더 괜찮은 사람으로 보이게 할 수 있으며, 내가 하는 일에서 더 프로답게 보이게 할 수 있는 나의 강력한 무기인 태도를 장착해 보자.

원장님의 아침 표정이 하루 종일 내 마음을 결정해요.

아침에 일어나면서 오늘 하루를 망치겠다고 마음먹는 사람은 없을 것이다. 다들 하루를 잘 시작하겠다고 마음먹는다. 그렇게 출근을 하여 직장 입구에 서는 순간 가슴이 답답해질 때가 있다. 나 역시 사무실에 들어가는 게 도살장 끌려가는 소처럼 힘들 때가 있었다.

지나가면서 인사하지 않는다고 한마디 하는 상사, 표정이 그게 뭐냐고 아침부터 자기 기분에 따라 한마디씩 쏘아붙이는 상사에게 뭐라고 할 수도 없었다. 아침의 긍정 가득했던 내 마음은 온데간데 없다. 분명 내 마음은 내 것인데, 출근을 하면서 내 맘은 더 이상 내 것이 아니었다. 하루 종일 일하는 곳에서 내 마음은 상사의 기분에 따라 움직였다. 헤어살롱에서 인턴들의 하루는 원장님의 마음, 선생님의 마음과 고객의 마음에 따라가 있다. 내 마음을 미처 챙기고 돌볼 시간이 없다.

나를 돌봐주는 게 우선되어야 하는데 말이다.

내 마음은 안녕한가요?

아침 출근할 때의 나를 생각해 보자. 문을 들어서면서 "안녕하세요?"를 어떤 말투, 표정, 톤으로 했는지 기억해 보자.

"안녕하세요?"는 상대방에게 '안녕(安寧 : 편안하고 아무 일 없는지)'을 묻는 거다. 하루에도 셀 수 없이 많이 상대방에게 쓰는 단어이다. 그렇게 많이 해주면서 나는 얼마나 되돌려 받는가? 서비스업에서 일하는 분들은 하는 것에 비해 많이 되돌려 받지 못한다. 대중교통의 기사님도 승차·하차하는 승객에게 매번 인사하지만, 같이 인사하는 사람은 극소수이다. 카페에서도 마찬가지다. 직원은 고객이 들어오고 나갈 때 인사하지만 고객은 그저 주문만 할 뿐이다. 내가 인사를 했는데 대답 없는 고객에 대해서 직원들은 어떤 마음일까?

교육 중에 물어봤더니 "뻘쭘해요.", "내가 작아지는 것 같아요." "내가 맘에 안 드나 봐요."라고 대답한다. 그중에 "괜찮아요."라는 답을 하는 직원 분도 있다. 가까이 가서 다시 한번 물어봤다.

"진짜 괜찮아요?"

"아뇨, 괜찮지 않아요."

내가 더 마음이 쓰였고 속상했다. 괜찮지 않은데 괜찮다고 말하는 그 직원의 마음에 잠시 머물러줬고, 괜찮지 않은 게 정상이라고 이야기해 줬다. 화가 나는 게 당연한 거고, 알아차리는 게 중요하다. 인간은 인정의 욕구가 있어서 누군가에게 리액션을 받아야 되는 존재라고 덧붙인다.

　서비스업에 종사하는 사람들이 가장 잘하는 것은 남의 기분을 알아주고, 표정을 보고 상태를 파악하는 일이다. 대부분 눈치가 아주 잘 발달되어 있다. 남의 상황에는 참 관심이 많은 우리. 물건뿐 아니라 그들의 마음까지도 신경쓰는 사람들. 그런데 정작 내 마음은 누가 알아주는 걸까? 상사가? 동료가? 후배가? 내 마음은 내 안에 있어 나밖에 알 수가 없다. 그렇다고 내가 잘 알아주고 보살펴 주는 것도 아니다. 그러니까 더 힘들어진다. 《다산의 마음(정약용 산문 선집)》에 다음과 같은 구절이 있다.

　"천하 만물 중에 지켜야 할 것은 오직 '나'뿐이다. 내 밭을 지고 도망갈 사람이 있겠는가? 그러니 밭은 지킬 필요가 없다. 그러나 유독 '나'라는 것은 ㄱ 성품이 달아나기를 잘하며 출입이 무상하다. 아주 친밀하게 붙어 있어 서로 배반하지 못할 것 같지만 잠시라도 살피지 않으면 어느 곳이든 가지 않는 곳이 없다."

　글을 읽으면서 이미 마음의 중요성에 대해서는 이전부터 알고 있었는데, 여전히 우리는 힘들어하고 있구나 라는 생각이 들었다.

내 마음이 괜찮지 않으면 괜찮은 태도를 가질 수 없어요.

남이 알아주면 좋을 내 마음. 하지만 언제까지 기다릴 수는 없다. 남이 알아주지 않으면 스스로라도 보살펴야지. 외출 전 자외선으로부터 피부를 보호할 자외선 차단제를 바르듯이 내 마음을 위한 자외선 차단제 같은 것 하나쯤 있었으면 좋겠다. 상대방은 아무 생각 없이 한 말인데, 차단제가 없으니 그냥 들어와서 쑤욱 박힌다. 나한테만 그러는 거 같다고 혼자 속상해 한다. 그 말이 내 마음에 박히지 않고 그냥 튕겨나가게 내 마음에 차단제를 발라보자. 쏟아져 들어오는 나를 힘들게 하는 것들로부터 나를 보호하는 장치가 필요하다.

나의 현재 에너지 상태를 스스로 체크해 보고 내 기분이 어떤지도 알아봐 주자. 시시때때로 변하겠지만, 순간순간의 내 기분을 파악하는 것은 하루를 잘 보내기 위해 내가 할 수 있는 일이다.

내가 세상에서 가장 소중하다고 말하면서 소중하게 대하지 않는다. 다른 사람에게 상처받지 않길 원한다면 다른 사람이 날 무시하지 않게 해야 한다. 예전에 화장품 회사에서 고객을 응대하는 현장 직원들에게 했던 말이 있다.

"고객이 나를 무시할 수 없게 행동하세요. 내가 나를 별로라고, 초라하다고 느끼면 그 마음이 고객에게도 전달돼요. 그러니 자신감 있는 태도와 말투로 응대해 보세요. 그러면 고객이 함부로 하지 못해요."

나의 프로페셔널함, 나의 당당함, 나의 말투로 나를 함부로 하지 못하게 하라. 더 나를 찾게 하라.

당신이 골프를 배우게 된다면 좋은 선생님을 만나고 싶을 것이다. 박세리같은 능력자라면 더할 나위가 없다. 내가 어떤 일을 하든 스스로를 프로로 만들면 더 많은 사람들은 나를 찾을 것이다.

지금 내 마음은 어디쯤일까요?

인디언들은 말을 타고 가다가 이따금씩 말에서 내려 자기가 달려온 쪽을 한참 동안 바라보고 있다고 한다. 그 이유를 물어보면, "나는 지금 나의 영혼을 기다리고 있어요. 내가 너무 빨리 달려서 저기 뒤에 따라오던 내 영혼이 나를 찾지 못할 수도 있으니까, 이렇게 멈추어 서서 내 영혼을 기다리는 중입니다."라고 한단다.

멋진 말이다. 인디언들은 이런 지혜를 가지고 있었다. 너무도 중요한 것이 바로 마음인데 잊고 살고 있었다. 나의 영혼은 나를 잘 따라오고 있는 걸까? 어쩌면 몸에서 떨어져 나간 영혼이 나를 찾아 방황하고 있을지도 모른다는 생각이 든다. 마음이 헛헛할 때, 일의 갈피를 잡지 못할 때, 이유없이 마음이 불안할 때가 그렇다.

그런 날이 있지 않은가? 아침에 일어나서는 분명 긍정적이고, 좋은 생각으로 시작했건만, 내 맘 같지 않게 길고 긴 하루, 깨지고 넘어

짐의 연속이었던 하루를 겨우 마치고 집에 돌아와 앉으면 영혼 탈곡기에 탈탈 털린 내가 앉아 있다. 온종일 힘들었던 내가 보인다. 힘들어도 티내지 못하고, 씩씩한 척 종일 뛰어다닌 나. 이런 일상이 반복되면 '대체 무엇을 위해 나는 이 고생을 하는가'하며 푸념하게 된다.

내가 선택했고 행복하려고 일한다 했지만, 일상의 그 어느 순간에도 나는 없는 느낌이다. 영혼과 초심은 온데간데 없고 무거운 몸뚱이만 근근이 끌어안고 버티는 게 고작인 것 같다. 일을 대하는 나의 첫 마음은 어땠나? 출근 자체만으로 감사했고, 목표가 뚜렷한 사람이었던 것 같은데, 그 마음은 어딜 가고 보이는 것은 죄다 힘들고, 불평이 입 밖으로 자동 출력되는 습관만 생겼다.

딱 이랬던 상태에서 만난 인디언의 글에 나는 큰 위로를 받았다. 몸과 마음이 함께 가야 하는데, 몸만 앞서 있었다. 이러다가 어느 날 모든 것을 놓아버릴 수도 있겠다 싶을 정도로 힘들었던 날이 있었다. 우리에게 지금 필요한 건 '인디언의 영혼'처럼 나의 위치를 찾아보고 잠시 멈춰 기다려 주는 일일지도 모른다.

'나는 지금 나의 영혼을 기다리고 있어요. 내가 너무 빨리 달려서 저기 뒤에 따라오던 내 영혼이 나를 찾지 못할 수도 있으니까, 내 영혼을 기다리는 중입니다.'

내 영혼이 잘 뒤쫓아오고 있는지 가끔은 기다려 볼 일이다.

회사를 위해 일한다는 착각

누가 결정했는가?

지금 하는 일을 누가 결정했는가? 답은 뻔하다. '나'외 다른 이의 적극적인 권유가 있었다 해도 최종 의사 결정은 내가 했다. 결정권이 나에게 있었음은 반박할 여지가 없다. 그런데도 일하는 모습을 지켜보면 억지로 일하고, 분을 삭이며 일하고, 억울해 하면서 일한다. 그만둔다는 말을 입에 달면서 불행한 시간을 견딘다.

약속에 늦어서 종종 택시를 타야 할 일이 있다. 바삐 택시에 오르면 경력이 오래된 기사님은 가장 빨리 갈 수 있는 최적의 노선을 추천한다. 이때 괜히 내게 익숙한 길을 고집하다가 오히려 지각하는 사태가 종종 있는데, 이 경우 기사님을 탓할 수는 없다. 경로를 결정한 건 어디까지나 나니까. 내가 말한 것에는 내 책임이 있다.

무엇 때문에 일하는가?

아무리 내가 결정한 일이라고 해도 다 잘했다고 할 수는 없다. 어떤 때는 내 결정에 스스로 잘했다고 생각하기도 하지만, 일이 잘못됐을 때는 왜 이런 결정을 했을까 후회하며 자책도 한다. 매일 아침 힘겹게 눈을 뜨고 씻는 둥 마는 둥 준비하고 출근하는 일상. 콩나물 버스·지하철에 시달리고, 종일 일과 씨름하고, 아무리 까칠해도 언제나 세상 착한 미소로 보답해야 하는 일상의 반복은 힘겹다. 그런데도 컨베이어 벨트처럼 시간에 떠밀려 어느덧 일터에 나와 있는 내가 있다. 이럴 땐 멍해진다. '와, 지금 내가 뭘 하는 거지?'하고 말이다.

일을 하는 이유는 첫 번째 먹고 살기 위해서다. 이왕 먹고 살기 위해 하는 일이라면, 일 자체가 즐거운 게 낫다. 자아실현도 좋고, 자기계발도 좋지만, 일의 첫 번째 순기능이 수입이라는 사실을 우린 분명히 해야 한다. 그 수입이 지금의 자리를 지킬 수 있고, 미래를 위해 재투자할 수 있을 정도라면 감내할 만하다고 본다.

헤어디자이너, 인턴의 업무는 하고자 들면 끝이 없다. 어지간해서는 버티기 힘든 일일 수도 있다. 특히 이제 막 시작하는 단계라면 급여와 비교할 수 없을 정도의 일을 각오해야 한다. 당연히 또래들이 누리는 젊음을 다 누릴 수도 없다. 돈이 목표라면 굳이 헤어디자이너가 될 필요는 없다. 다른 일을 해도 최소한 인턴 수준 이상은 번다. 그런데도 헤어디자이너의 꿈을 쉽게 포기하지 않는 것은 후에라도 노력에 대한 충분한 보상이 따를 것이라는 믿음이 있기 때문일 것이다. 성공한 선배들이 그들에게는 그 무엇보다 큰 동기부여가 될 것이다.

돈이 생기면 가격 신경쓰지 않고 먹고 싶은 것을 먹고, 가고 싶은 곳으로 떠나고, 사고 싶은 것은 주저하지 않고 살 수 있는 자유를 얻는다. 상상만으로도 행복하다. 하지만 우리는 어째서 현실을 불행하게만 느낄까? 행복한 미래를 위해 불행한 현재를 보내는 것은 억울한 일이다. 몸은 힘들지언정 목표가 명확하다면 일은 얼마든지 행복할 수 있다. 삶을 어정쩡하게 사는 태도, 뜨겁지도 차갑지도 않게 하루하루 이 생활을 어떻게든 버티는 데 급급한 태도는 행복한 미래를 위해 현재를 준비하는 올바른 태도가 아니다. '어쩔 수 없이 하는 것'은 자신을 어쩔 수 없이 옴짝달싹할 수 없는 현실 속에 가둔다. 그냥 시켜서 하는 일만 하면 더 높은 기술에 이르지 못하고, 현재의 수준에서 맴돌게 될 뿐이다. 미래는 과정이다. 분명한 목적 의식과 목표를 세울 수 있다면, 이때부터는 시간의 축적이 전부다. 이런 사람은 때가 되면 성장하고, 금세 본받고 싶은 선배가 된다.

한때 나는 삶에 비관적이었다. 무엇을 해도 안 될 것이라며 단정했다. 타인의 삶은 늘 부러움의 대상이었다. 내가 하려고 하는 일은 온 우주가 막는 것 같았다. 헤어나오려 할수록 더 깊이 빠져들었다. 그랬던 내가 누군가를 대상으로 행복을 이야기할 줄 누가 알았을까.

이 검고 긴 터널을 빠져나오는 일은 의외로 간단했다. 바로 감사하기였다. 말도 안 된다고 코웃음을 쳤는데, 어느새 나는 아주 작은 것이라도 감사하기를 하고 있었다. 당신 주위에서 일어나는 일 가운데 너무 당연해서 평소 지나쳐버린 것들부터 감사해 보자. 알람 소리에 맞춰 눈을 뜨고, 엄마가 아침을 차려주고, 매일 일터로 나가는 것에 감사를 해본다. 함께 일할 사람이 있고, 친구가 있고, 겨울 다음 봄이 온다는 이 사실에 감사를 보낸다. 이렇게 하나씩 찾아보면 감사하지 않을 것이 없고, '감사합니다'를 반복하고 또 반복하는 사이 나는 이미 행복해져 있었음을 알아차리게 된다.

누구를 위해 일하는가?

교육 중 이 질문을 하면 대부분 '본인'이라고 답을 한다. 정말 본인을 위해서 일하는 게 맞을까? 나를 위해 일한다는 것은 '적당히', '편안하게', '받는 만큼'이라고 해석하는 게 옳지 않을까? 직원에게 오너 마인드를 강요할 수는 없다. 오너는 오너이고, 직원은 직원이다. 하지만 직원의 미래는 오너 아닌가. 그렇다면 오너의 마인드를 자신의 것으로 훔치고 싶은 직원 마인드야 말로 본인을 위해 일하는 진짜 태도가 아닐까.

　오래전 외부강사의 교육 중에 받았던 질문이 바로 '누구를 위해 일하는가?'였다. 당시 나는 회사에 뼈를 묻을 각오로 일하던 때였다. 9시 출근, 6시 퇴근이었지만, 8시 이전에 출근과 늦은 야근을 자청했고, 심지어 주말에도 출근했다. 누구의 지시나 강요도 없었다. '회사는 나에게 감사해야 한다. 나 같은 직원은 없다'는 자부심으로 일하던 때였다. 그러니 '누구를 위해 일하냐'는 강사의 질문에 너무나 당당하게 '회사를 위해서 일한다'고 말했다. 강사는 뒷목을 잡았고, 직원들에게는 이상한 사람이 되었던 기억이 난다.

　당시 나는 진심이었다. 그런데 세월이 흐르고 보니, 회사를 위해 한 일이 고스란히 나를 위해 한 일로 돌아와 있었다. 주어진 일을 열심히 하는 동안 많은 문제에 부닥쳤고, 그것을 해결하기 위해 야근과 주말을 마다하지 않았던 그 경험이 고스란히 내 안에 쌓여 오늘의 나를 만들었으니, 회사를 위해 일한 시간은 그 무엇보다 나를 위한 시간이었음을 알게 된 것이다.

　내가 흘린 땀과 노력은 오롯이 내 것이 되었다. 자료를 두고 퇴사하여 새로운 직장으로 자리를 옮겨도 내 머리와 가슴에 스민 것들은 누구도 가져가지 못한다. 회사는 개인으로서는 할 수 없는 경험을 내게 선물해 주었고, 나는 그 선물을 결코 마다한 적이 없었다. 나는 내가 선택한 일을 나를 위해, 나의 행복을 위해 해 왔고 지금도 일하고 있다.

얼마 전 한 헤어프랜차이즈에서 디자이너로 첫발을 내딛는 초급 디자이너들 대상으로 교육을 진행한 적이 있었는데, 그때 교육에 참가했던 윤우 디자이너의 SNS글을 소개한다. 어린 나이임에도 불구하고, 자기가 결정한 인생을 어떻게 살아가야 하는지 너무나 잘 알고 있었다.

어느 날 길을 걷는데 신발 끈이 풀려 있었다.
그래서 나는 '아, 조금만 더 가서 묶어야겠다' 생각하고
그렇게 끈이 풀린 채로 더 걸어갔다.

그런데 갑자기 문득 드는 생각이…
내 미용 인생도 지금 이렇게 느슨하게
그냥 그렇게 걸어가고 있는 건 아닐까?
이렇게 계속 가다가는 넘어져서 크게 다치진 않을까?

하지만 그걸 알면서도 나는, 아니 우리는 그렇게 그냥
지금 서 있는 길을 무작정 걸을지도 모릅니다.

느슨하게 신고 걷는 길보다
잠시 멈춰서 단단히 묶고 가는 게

더 안전하고 더 빨리 달릴 수 있잖아요?

여러분이 걸어왔던 길도 소중하지만

앞으로 나아갈 길이 더 소중하기에

우리 모두 잠깐 멈춰 서서

풀려 있는 신발 끈을 다시 정돈해 보는

시간을 갖는 건 어떨까요?

친절도 실력입니다

전문가는 기술이 '우선'이라고 말한다. '우선'이란 '다른 것에 앞서 있다'는 것이지 '전부'라는 의미는 아니다. 기술이 일의 기본이어야 한다는 말일 것이다. 기술이 '전부'라면 그것만 잘하면 된다. 하지만 사람이 하는 일이라 '기술이 전부'이고, 기술'만' 있다면 뭔가 부족하고 아쉽다는 생각을 하게 된다.

프랑스 남부 지방 니스에 있는 〈라 프티트 시라(La Petite Syrah)〉 카페에서 있었던 일화가 보도된 적이 있었다. 오전 내내 근무하면서 스트레스를 받고 카페를 방문한 불친절한 고객들 때문에 직원들이 힘들어하는 것을 보고 매니저가 메뉴판을 바꿨다. 그냥 '커피 한 잔'이라고 말하면 7유로, '커피 한 잔 주세요'라고 말하면 4.20유로, 그리고 '안녕하세요? 커피 한 잔 주세요'라고 말하면 1.40유로를 내면 된다고 하였다. 같은 커피를 조금 더 친절하게 주문하면 저렴하게 마실 수 있는데 그렇게 안 할 고객이 있을까? 이후 직원들은 이 시스템에 만족해 하면서 근무하게 되었다는 기사였다.

친절하면 이익이라는 걸 고객 스스로 알게 해준 매니저의 기발함에 감탄했다. 〈라 프티트 시라〉에서와 아주 유사한 이벤트를 우리나라의 커피 프랜차이즈에서도 한 적이 있었다. 매달 첫 번째 수요일에 〈내 이름을 불러줘〉라는 이벤트를 진행했는데, 이벤트 달 첫 번째 수요일 아침 "○○○씨, 내가 좋아하는 아메리카노 한 잔 주세요."라 말하고 그 직원과 하이파이브를 하면 50% 할인된 가격으로 커피를 마실 수 있게 한 것이다. 해 보고 싶었다. 안 할 이유가 없지 않은가? 하이파이브를 하고 할인받은 커피는 역시나 더 맛있었다. 어디 커피 맛만 좋았을까? 고객에게 친절을 요구하는 이 이벤트를 통해 고객과 바리스타가 서로 존중하고 배려하는 아름다운 경험을 선사했다. 출근길이 무척 행복했음은 물론이다.

당신은 '친절한가요?'라는 질문에 그렇다고 할 수 있을까? 어떤 사람은 친절하지만 스스로 부족하다 느끼기도 하고, 어떤 사람은 친절하지 않으면서도 본인이 친절하다고 착각하기도 한다. 객관적인 진단이 필요하다. 다음의 친절 체크리스트로 한번 진단해 보자.

당신은 친절한가요?

친절 체크리스트

1. 엘리베이터를 잡고 기다려준 사람에게 고맙다고 말한다.
2. 근무지에 들어온 사람에게 내가 먼저 인사한다.
3. 음료 주문 시 "(주문 음료) 주세요."라고 말한다.
4. 대중교통 하차 시 또는 음식점을 나오면서 "감사합니다."라고 말한다.
5. 다른 사람 앞에서 말씨, 태도, 표정 관리를 한다.
6. 쇼핑센터 출입 시 뒷사람을 위해 문을 잡아준다.
7. 약속 장소를 알려 줄 때 주소뿐만 아니라 주차 정보 등 추가 정보를 준다.
8. 동료나 고객에게 칭찬의 말을 잘 건넨다.
9. 동료의 일이 많아 보이면 도와준다.
10. "참 친절하십니다. 감사합니다."라는 말을 자주 듣는다.

몇 개에 체크를 했는가? 7개 이상 체크했다면 당신은 친절한 사람이다. 7개 이상이 아니라면 이제부터라도 하나씩 노력하면 된다. 상심할 정도는 아니다.

자, 다시 위의 문장 10개를 읽어보자. 언뜻 평범해 보이지만 실제

이 정도 배려심 깊은 사람은 찾아보기 어렵다. 10개에 모두 해당하는 사람이 있다면 그 사람은 무조건 잡아라.

"한국인 친절도, OECD 회원국 중 21위"라는 제목의 기사를 보다가, 21위의 친절도는 어느 정도일까 궁금했다. 기사에 의하면 2011년 기준, 나라별 친절도를 계량화했을 때 한국은 경제협력개발기구(OECD) 34개 회원국 중 21번째를 기록하며 하위권이었다. OECD는 각국 국민에게 평소 자원봉사나 자선단체에 기부하는지, 낯선 사람의 어려움을 지나치지 않고 돕는지를 물었다. 한국은 OECD 평균(39%)에 못 미치는 35%가 타인을 돕는다고 응답했다.

헤어살롱 직원 교육에서 친절도를 조사해 보면 30%만이 친절 구간에 속한다. 그렇다면 나머지 70%는?

친절 없는 기술은 기능인에 불과하며, 기술 없는 친절은 언제 터질지 모르는 지뢰와 같다. 기술도 중요하고, 친절도 중요하다. 왜냐하면 샵에서 일하는 직원 모두가 개인 비즈니스를 하는 오너의 입장이기 때문이다.

기술도 친절함 속에서 더 빛이 난다는 사실을 잊지 말아야 한다. 친절은 부가서비스가 아니다. 기술이 전부라고 생각하는 사람에게는 친절도 실력이고, 미소야말로 진짜 능력이라는 말을 강조한다. 실력 있고 능력 있는 사람이 되고 싶다면, 친절과 미소의 연습도 잊지 말고

꾸준히 하기를 바란다고 덧붙인다.

《무례함의 비용》(크리스틴 포래스)에서는 무례함이 일반화된 현대사회에서, 뛰어나게 잘하는 것 말고 그저 남들과는 다른 조금의 정중함이 있다면 더욱 돋보일 수 있다고 한다. 뭔가를 특별히 잘해야 되는 것이 아니라 그저 기본적인 것만 지켜도 괜찮아 보인다는 이야기인데, 수긍이 되는 내용이다. 괜찮은 사람이 되는 쉬운 방법이다. 그저 기본에 충실하기만 하면 된다.

요즘은 친절한 직원을 만나기가 쉽지 않다. 그래서 친절한 사람을 보면 다시 한번 쳐다보게 된다. 정말 당연하게도 친절 때문에 재방문 의사가 생길 정도다. 서비스업에 종사하면서 친절을 최소한의 예의쯤으로 생각하는 것은 대단히 큰 실수다.

대형 쇼핑몰에서 길을 헤매고 있었는데, 한 직원이 지나가길래 찾는 위치를 물었다. 그는 직접 나와 동행하여 목적지를 알려주었다. '이 분 친절하다'는 생각이 들자 쇼핑몰에 대한 브랜드 이미지까지 좋아졌다. 기분이 좋아져서 충동 구매한 경험이 있다.

서비스업에 종사하는 사람이니 친절이 당연하다 할지 모르지만,

우리가 밖에서 사람의 친절에 감동받는 일이 얼마나 되는지 생각해 보면 우리 사회에 친절이 얼마나 각박한지 알 수 있다. 형식적인 인사, 관용적인 말들은 감동을 줄 수 없다. 친절은 그 사람의 마음이 밖으로 보이는 것이다. 그럴 때 상대의 마음에도 감화가 일어나게 된다.

고가 화장품인 〈끌레드뽀 보떼〉의 한국 론칭을 앞두고 직원들을 집중 트레이닝을 했다. 우리는 타사의 서비스 응대를 직접 받아보고 구매까지 한 후 느낀 점을 공유했다. 그런데 한 직원이 경쟁사라고 생각지도 않았던 브랜드의 제품을 구매해 온 것이다. 이유를 물었더니 품질이나 브랜드 이미지가 아닌 판매직원의 '미소' 때문이었다고 하였다.

서비스의 본질은 고객 사랑이다. 사랑하면 친절해진다. 백화점은 곧 서비스를 일컫는 대명사다. 백화점은 고객 사랑을 실천하는 공간이므로 당연히 고객이 체감할 수 있는 사랑의 표현으로 친절해야 한다. 그런데 백화점 직원이 제품을 구매한 결정적 이유가 '미소'라고 하는 것은 그만큼 백화점이 서비스의 본질에서 멀찌감치 떨어져 있는 것이 아닐까 싶어 쓸쓸했던 기억이 난다.

만나는 많은 오너들은 매출 실적이 떨어지면 민감하게 반응하며,

고민하게 된다. 그런데 위의 예를 보면 기술과 실력이 아닌 미소가 매출에 영향을 미치고 있음을 알 수 있다. 이것이 바로 우리가 다시 생각을 해봐야 할 점이다. 친절이 실력이고, 미소가 능력이라는 걸 기억해야 한다.

몰라서 못하는 것은 문제가 되지 않는다. 배워서 알면 된다. 하지만 알면서도 하지 않는 것은 심각한 문제다. 친절과 미소는 할 수 있는 사람들에게는 너무 쉬운 일인데 반해, 그렇지 못한 사람들에게는 한 번 교육으로는 하루 아침에 배워지거나 잘하게 되는 것이 아니다. 굳이 서비스업에 종사하지 않더라도, 친절과 미소는 늘 장착되어 있어야 하고 사용할 줄 아는 무기여야 한다. 있기만 하고 사용할 줄 모르면 없는 것이나 다름없고, 적재적소에 사용하려면 연습이 필요하다. 친절과 미소는 머리가 아닌 몸이 기억해야 할 정도의 연습, 아니 훈련이 필요한 것이다. 함께 모였던 우리의 결론은 "지나가는 모든 사람은 언제든지 우리의 고객이 될 수 있다. 내가 어떤 표정과 친절한 태도로 그들을 편하게 해 주는가에 고객의 결정이 달려 있다."였다.

예전 근무하던 건물에는 출근길에 커피 한잔 마시려다 직원의 퉁명하고 불친절한 응대로 인해 불쾌함을 느껴 다시는 가고 싶지 않던 유명 브랜드 커피숍이 있다. '다시는 가고 싶지 않던'의 주된 요인은 브랜드의 커피맛이 아니라 직원의 태도였다는 것을 그 회사는 알까? 브랜드의 이미지 광고도 중요하지만 더 신경써야 할 일은 고객의 접점에서 응대하는 직원이다.

옛 중국 고사성어에 '구맹주산(拘猛酒酸)'이 바로 이 경우이다. 주인도 친절하고 술맛도 좋긴 하나, 가게 앞을 지키는 개가 사나우면 아무도 들어오지 못하므로, 결국은 술이 쉬어 버린다는 뜻이다.

유태인의 속담에 '웃지 않으려면 가게 문을 열지 마라.'라는 말이 있다. 아무리 고급스러운 인테리어와 좋은 제품을 취급하는 가게라도 직원들의 미소와 친절함이 없다면 그곳에서 머물고 기꺼이 지갑을 열 마음이 들까.

무엇이 나를 행복하게 하는가

오늘은 내가 가장 좋아하는 날이라고 하던 푸우를 보면서 "얼마나 행복할까? 좋겠다. 부럽다."를 연발했었다. 누구나 행복한 매일을 지내고 싶다. 그러면서도 지금은 아직 아니라고 부정한다. 행복의 조건이 하나 둘 생기면, 그 조건의 크기는 점점 커진다. 조바심이 생긴다. 나를 제외한 사람들은 행복한 것 같은데, 나만 행복하지 않은 것 같다.

교육생들에게 물었다. "지금 행복하세요?" 행복하다는 사람이 별로 없다. '언제 행복한가'를 물어보니 '월급날, 쉴 때, 맛있는 거 먹을 때'라고 답을 한다. 그러면 반문해 본다. 그럼 월급날이 아닌 29일 동안, 맛있는 것을 먹지 않는 때, 일하는 때는 행복하지 않은 거냐고. 본인들이 생각해도 행복한 날보다 행복하지 않은 날들이 많은 것에 잠시 침묵이 흐른다.

삶에 만족하세요?

행복은 우리가 생각하는 것보다 여
러 곳에 있고, 우리는 충분히 행복함에
도 그걸 미처 알아차리지 못하고 있는
지도 모른다. 김주환 교수의《회복탄력
성》이란 책에 삶의 만족도를 알아보는
진단이 있는데, 예전 TV의 기획 프로
그램에서도 나왔던 내용이다. 교육 때

행복한가에 대한 질문을 했을 때 일정 상황들이 나를 행복하게 만들
어 준다고 답을 했는데, 그런 상황, 찰나들이 계속적으로 많아지면
된다. 그렇게 되면 우린 삶의 만족도가 높아질 것이고, 반대로 그런
순간들이 적다면 삶의 만족도가 낮을 것이다.

진단을 위한 질문은 다음과 같다.

① 전반적인 나의 생활은 내 이상과 가까운지? ②　내 생활의 조
건은 대부분 훌륭한지? ③ 나는 내 삶에 만족하고 있는지? ④ 지금까
지 내가 삶에서 원하는 중요한 것들을 가졌는지? ⑤ 만약 다시 산다
면 바꾸고 싶은 것은 없는지?

특정 행동에 대한 진단일 줄 알았는데, 의외로 전체적인 것에 대
한 질문에 고개가 갸우뚱해진다. 표정들이 없어진다. 진단 전까지의

표정은 밝고 예뻤던 그들. 답도 잘하고 잘 웃던 그들이었는데, 돌아다니면서 적혀진 점수를 보면서 마음이 불편해지기 시작한다. 지금 내가 보고 있는 저 점수들을 더하면 결과는 뻔하다. 아니, 점수가 중요한 게 아니라 내가 교육하는 이들이 지금 이렇게 행복하지 않다고 느끼는 구나 라는 생각에 마음이 먹먹해진다. 그럼에도 불구하고 '일 해야 하니 그냥 웃으면서, 괜찮은 척 일을 하고 있었구나. 얼마나 힘들까?'라는 생각을 하며, 그들의 마음 속에 잠시 들어가 본다. 행복하지 않다고 생각하는 저들의 모습에 내가 오버랩된다.

앞에 서서 누군가에게 교육을 하는 나 역시 너무 힘든 상황이나 마음일 때조차 웃으며 아무렇지 않은 듯 '나는 괜찮아요'라는 표정을 지으며 당당하게 교육을 진행했었다. 내가 나를 속이며 하는 교육이었던 것이다. 교육을 마치고 나면 내가 나를 위로했다. '잘 했네, 잘 마쳤어, 아무 일 없는 것처럼 잘 했어.' 지금은 그렇지 않지만 오랜 동안 그런 일이 지속되었다. 그래서 행복하지 않다고 생각하는 교육생들을 보면 한참 동안 교육생에게 감정이입하는 시간이 있다.

질문 항목은 5개였고, 7점이 최고점이니 만족도가 35점이면 최상의 점수이다. 많은 교육생 중 35점이었던 사람은 2명 정도였던 걸로 기억한다. 지금도 그들은 여전히 행복할까? 부디 그러길 바라본다. 28점 이상, 20점 이상의 점수가 나온 사람이 있는지 물어본다.

똑같다고는 말할 수 없지만 미용이라는 비슷한 업종에 종사하는 사람들 중 28점 이상 점수가 나온 사람이 있는가 하면, 10점 언저리에 머무는 사람들도 꽤 많다.

조사 결과를 보면 캐나다 노인들의 행복지수가 평균 28점 이상이었다고 했다. 우리나라처럼 정년 후에도 먹고 살려면 더 오래오래 일해야 하는 노년에 비해 캐나다 노인들은 정년 이후 진정 여유 있는 삶을 사는가 보다. 서울 평균은 20점이었는데, 20점이 나온 교육생들은 그래도 평균에 속했다는 것에 나름 만족하는 것 같았다. 하지만 이 서울 평균 20점에는 반전이 있었다.

평범한 서울 시민의 삶의 만족도는 놀랍게도 학대받는 여성들의 삶의 만족도와 같은 점수였다. 어이가 없었다. 아니 학대받는 여성들이 느끼는 삶의 무게가 매우 무거울 텐데, TV에서 가끔 나오는 뉴스에서의 그들을 보면서 '얼마나 힘들까, 얼마나 사는 게 지옥일까?' 하고 안쓰러웠는데, 우리가 느끼는 삶의 무게가 그렇다니! 그런데 교육생들의 삶의 만족도 점수는 20점에도 채 미치지 못하는 경우도 많았다. 타인의 어려움에 비교해서 나를 행복하게 생각하라는 게 아니다. 분명 나는 지금 행복한 상태이고 행복할 수 있는데, 스스로를 그렇게 생각하지 않고 있다는 게 안타까울 뿐이었다.

무엇이 우리를 이토록 힘겹게 만들었을까? 1등만 기억하는 사회, 결국 누군가를 이겨야만 한다. 그래서 조금 느리고 천천히 하고, 욕

심내지 않으면 나는 괜찮은데 주위에서는 루저(loser)로 바라본다. 자신감은 덩달아 저 밑바닥에 있다. 그렇다면 자신감을 되찾아야 한다. 자신감을 다시 찾는 여러 방법 중 '비교하지 않기'가 있다. 어린 시절의 기억을 떠올려 보면 부모님이나 선생님이 의도했던 안 했던 나를 누군가와 비교했을 때 속상했던 적이 있지 않은가? 이제 어른이 되어서 부모님과 다른 이는 더 이상 나를 누군가와 비교하거나 하지는 않게 되었다. 하지만 이젠 내가, 나 스스로가 자신을 타인과 비교하고 있다는 게 문제다. 나는 교육생들에게 '비교'는 필요하니 하라고 한다. 다만 타인과의 비교가 아닌 어제의 나와 비교하라고 한다.

작년 이맘 때의 나와 지금의 나를 비교해 보자. 조금 더 익숙해져 있고, 조금 더 잘하고 있는 나. 기특하다. 교육을 하는 나도 예외는 아니다. 작년의 오늘보다 지금의 내가 더 잘하고 있고, 내일의 나는 더 잘하고 있을 것을 난 안다. 그렇게 나는 어제, 그제, 작년보다 발전하고 있는 중이다.

그리고 자신감을 갖는 또 다른 방법은 '나를 사랑하기'이다. 우리는 타인에 대한 관심과 사랑을 이야기하면서 정작 잘 돌봐야 하는 나에 대해서는 참 무심하다. 자신을 사랑하는 사람은 자신을 귀하게 여기니 타인이라는 존재감의 귀함도 안다. 결국 자신감은 자신을 사랑하는 것에서부터 시작하고, 그 마음이 타인에게도 머물 수 있다. 월급을 받는 사람들에게 한 달 동안 고생한 나에게 월급날 뭘 해주냐고 물으면 답이 없다. 내가 나에게? 월급날? 뭐 해 주지? 월급날이면 잠시 스치는 돈이라 해도 누군가에게 밥도 사고, 선물도 하지 않던가?

그런데 정작 나에게는 어떤 선물로 한 달 동안 고생한 것에 대한 보상을 해 주는가? 한 인턴은 속눈썹 시술과 네일 케어로 본인에게 선물을 한다고 했다. 그러면 다음 한 달을 더 행복하게 보낼 수 있다고 했다. 어린 인턴이었는데, 말하는 순간에 그녀의 표정은 행복함 그 자체였었다.

'행복은 그리 멀리 있지 않았구나. 여기저기에서 행복이 나를 기다리고 있을 수도 있겠구나. 내가 그냥 지나치고 있었을 수도 있겠구나'라는 생각에 미치게 되었다. 그리고 행복하고 싶어하면서도 과연 행복을 위해 어떤 노력 했었나 하고 잠깐 반성도 해 본다.

행복과 택시의 공통점

행복과 택시의 세 가지 공통점에 대해 들은 적이 있다. 어쩌면 우리가 그토록 원하는 행복과 늘 집을 나서면 언제나 내 앞에 서 있는 택시가 이런 공통점이 있었을까 새삼스러웠다. 아니 놀라웠다. 아무 상관이 없을 듯한 행복과 택시의 공통점이라니.

집을 나서는 순간, 마치 나를 위한 것처럼 거리에서 대기하고 있는 감사한 택시들이 있다. 하지만 그 많은 택시도 내가 손을 들어 타겠다는 의사를 표현해야만 내 앞에 선다. 수많은 택시가 지나다녀도 내가 잡지 않으면 결코 내 앞에 서지 않는다. 행복이 그렇다. 지천에 넘쳐나고 있어도 내가 몰라서, 내가 잡지 않으면 절대 그 행복은 내 것이 아니다. 첫 번째 공통점은 바로 '잡아야 한다'이다.

택시를 타게 되면 기사님과의 첫 대화는 '목적지'를 말하는 것이다. "어디든 기사님이 원하는 대로 가주세요."라고 말하는 사람은 없을 것이다. 목적지를 말해야 기사님이 나를 그곳에 데려다 준다. 그런데 우리의 행복은 어떤가. 우린 행복하고 싶다고 말만 하지, 어떻게 하면 행복한지, 내가 어떤 상태여야 행복한지를 알지 못한다. 행복과 택시의 두 번째 공통점이 바로 '목적지를 정한다'는 것이다. 언제 행복한가? 현재든 미래든 '행복'에 대한 단어만 반복했지 어떤 감정과 어떤 상태가 되면 행복할 것이라는 목적지를 정하지 않아 행복하지 않았던 것은 아닐까?

마음이 한참 힘들었던 때가 있었다. 상담도 오랜 시간 받았다. 선생님은 나에게 어떻게 지내면 좋겠는지, 그렇게 된다는 건 어떤 상태인지를 물었다. 그런데 난 대답을 할 수가 없었다. 정말 몰랐었다. 그냥 행복하게 살고 싶다는 말만 앵무새처럼 반복했다. 어떤 게 행복인지를 몰랐고, 나만 불행한 거 같았고, 나를 제외한 모든 사람들은 행복한 것처럼 보였기에 난 그냥 '행복'을 바랐다. 무언가에 관심을 가지는 것, 누군가에게 도움을 주고 감사하다는 말을 듣는 것, 그렇게 내가 누군가에게 쓸모있는 존재라는 사실을 깨닫는 것, 그런 것들이 행복이라는 것만 알고 있었어도 난 상담을 받지 않았을 수도 있었다. 그땐 몰랐다. 누구와도 다툼 없는 아주 평온한 상태, 스트레스가 전혀 없는 상태가 계속 되어야만 된다고 생각했던 때였다. 죽은 사람의 상태를 꿈꾸었나 보다. 잠시만 생각해 보길 바란다. 내가 어떤 상태나 마음이어야 행복한지는 내가 정하면 되는 것이다. 언제 행복했었는지도 더듬어 생각해 보자. 지금 우린 행복하고 있는지도 모른다.

택시를 잡고, 목적지를 말했다면 우리는 그 목적지에 도착하게 된다. 그럼 우리가 할 일은 기사님께 택시비를 지불하는 것이다. 행복과 택시의 세 번째 공통점을 눈치챘는가? '지불해야 한다'는 것이다. 택시를 타고 돈을 내지 않는다면 무임승차로 고발될 것이다. 그런데 우리는 행복을 바라면서 무임승차를 한 사람처럼 아무런 노력도 하지 않고 행복이라는 결과를 바라는 경우가 있다. 좋은 성적을 바라면서 공부를 하지 않는다면 결과는 너무 뻔하지 않는가? 다이어트를 원하면서 운동도 안 하고 먹기만 하는 것과 다를 바가 없다. 내가 원하는 행복 하나를 위해서는 내가 하기 싫은 일 99개를 해 내야 한다. 그 노력도 하지 않는다면 내가 원하는 행복은 그저 남의 떡처럼 커 보일 뿐 결코 내 것이 될 수 없다.

현재에 있어야 행복하다.

어느 주말 〈집사부일체〉라는 프로를 보는데, 내가 늘 교육에서 하던 얘기들이 나오는 게 아닌가! 진실 게임을 했고, 질문에 답하는 내용에서 "최근에 속상해서 울어본 적이 언제인가?"라는 질문에 이승기는 최근은 물론 근 4년 동안 운 적이 없다고 말하면서 본인이 슬픈 감정을 잃어버린 건 아닌지 생각해보았었다고 한다. 순간 모든 출연자들의 표정은 어쩌면 저럴 수가 있나 하는 안쓰러움과 걱정으로 변했다. 이어 그는 그런 감정이 올라오면 자신이 스스로 커트해 버리는 것 같다며, 그럴 여유가 없는 것 같다고 했다. 또 최근의 단골 질문인 "스트레스를 어떻게 푸냐?"는 말에 몇 년 전부터 답을 어떻게 해야 할지 모르겠다고 했다.

국민 남동생이고 모범 연예인인 그의 이야기에 나는 충격을 받았으며 마음이 먹먹해졌다. "자기의 길이 어떤 건지 잘 모르겠고, 스트레스를 분명 엄청 받긴 받는데, 얼마큼 쌓여 있는지, 그게 다 어디로 가는지 모르겠다."고 말하던 이승기. 힘들다는 감정을 억누르며 자신을 채찍질해 온 건 아닐까? 너무 위험해 보였다. 행복할 거 같던 이승기의 고백은 그 한 사람이 아닌, 나의 이야기일 수도, 우리 누군가의 이야기일 수도 있다.

압력밥솥의 밥은 증기 구멍을 통해 연기를 품어내므로 터지지 않는다. 언젠가 행복하겠지, 그러니까 좀 참으면 돼. 참아야 해, 그렇게 살아왔고, 지금도 그렇게 사는 사람들. 그렇게 참다가 언제 터질지 모르는 불안한 우리의 감정들이 어디에서 숨도 못 쉬고 있다는 사실이 슬프다. 나를 힘들게 하는 것들이 있지만 동시에 나를 행복하게 만드는 일도 충분히 많다는 것을 알아야 한다. 부정의 감정에 휩싸이면 그 감정에 사로잡혀 다른 감정이 있다는 사실을 잊게 된다. 하지만 두 감정은 동전의 양면처럼 세트이다.

이승기는 "소소한 행복은 저축되지 않는다."고 말했다. 오늘을 희생하고 모아놨다 하더라고 나중에 큰 행복으로 돌려받지 못한다고. 우리가 참고 지낸 순간들의 마일리지가 쌓인 행복한 '언젠가'가 도대체 언제일지 모르지 않는가? 지금 이 순간 행복하지 못하더라도 미래의 언젠가는 행복할 거라는 확신이 있는가? 눈앞의 풍경을 눈으로 바라보지 못하고, 스마트폰에 담기 위해 화면으로 풍경을 보는 현대인들의 모습이 오버랩된다. 그냥 지금 내 눈앞에 있는 아름다움에 감탄하고 감동하면 된다. 지금 이 순간을 즐기지 못하고 그저 사진으로만 남겨둔 풍경은 나중에 다시 보지 않게 될 확률이 높다. 이미 충분히 경험한 일이지 않은가?

'마음이 과거에 있으면 후회되고, 미래에 있으면 불안하고, 현재에 있어야 행복하다'는 말이 기억났다. 난 교육생들에게 묻는다. 지금 여러분들의 마음은 어디에 있나요?

최고가 되려고 하지 마세요

명품이 되기 위한 조건에는 어떤 것이 있을까? 고가, 희소성, 역사, 스토리, 하이 퀄리티 등 대부분은 비슷한 생각을 하고 있겠지만 내가 생각하는 명품의 정의는 조금 다르다.

"짝퉁이 있어야 진정한 명품이다."

이름만 대면 아는 명품의 신제품은 나오기가 무섭게 짝퉁시장에도 선을 보인다. 만약 당신이 어떤 명품을 구입하려 하는데, 짝퉁시장에 없는 물건이다. 거대한 짝퉁시장에 내가 찾는 물건이 없다면 그건 명품이 아니라고 감히 말할 수 있지 않을까?

인기 가수 싸이는 해마다 연말 콘서트에서 그 해 가장 핫한 여가수를 패러디해서 콘서트장의 열기를 더하는 것으로도 유명하다. 싸이 콘서트의 패러디의 대상이 되는 여가수는 그 자체로 영광일 수 있다. 그해 최고로 핫했던 여가수로 인정받은 셈이니 말이다.

당신에게도 짝퉁이 있는가? 당신의 태도나 마인드를 칭찬하면서 부럽다고, 따라하고 싶다고 말하는 사람이 있다면 이미 당신은 명품이다. 제품만 명품이 있는 것이 아니라 사람도 당연히 명품이 될 수 있다. 직급이 높거나 나이가 많고 경력이 쌓여야 하는 것이 아니라, 나이가 어려도 경험이 부족해도 본받고 싶은 점이 있는 사람이라면 명품이라고 말할 수 있다.

명품의 짝퉁. 하지만 여기서 생각할 점은 사람과 물건의 짝퉁은 그 결과가 같지 않다는 점이다. 물건은 그저 카피하는 데서 끝나지만, 사람은 짝퉁의 카피로 끝나지 않는다. 누군가를 따라서 짝퉁이 되었지만, 인간에게는 성장 욕구가 있어 타인의 모방에서 시작해서 노력하다 보면 자신만의 유니크함을 완성하게 되어 또 하나의 명품으로 만들어지게 된다.

best 말고 only one

90년대 후반, 한국 런칭을 앞둔 고가 화장품 브랜드 〈끌레드뽀보떼〉의 직원들을 교육하면서 고민이 생겼다. 어떻게 하면 직원들이 앞서 런칭한 다른 브랜드에 기죽지 않으면서 매장 활동을 잘하고, 매출도 올리게 할 수 있을까? 수입 화장품 브랜드에서는 후발

주자일 뿐 아니라 한국 내 첫 런칭이어서 고객들에게 브랜드 인지도도 없던 터라, 열심히 준비했지만 현장에서 힘들어 할 직원들이 걱정되었다. 그 때 나는 직원들에게 "베스트(best)가 되려 하지 말고 온리 원(only one)이 되자."라고 이야기하면서 우리만 할 수 있는 럭셔리 서비스에 집중하자고 했다.

타사에서는 하지도 않았고 할 수도 없는 우리만의 고객 응대 매뉴얼을 만들고 오랜 기간 연습을 한 후 드디어 오픈 날이 되었다. 직원들은 마치 이전에도 지속적으로 해왔던 것처럼 첫날을 잘 마무리했다. 이후로도 직원들은 최고라는 단어에 얽매이지 않고 최선을 다했다. 최고가 되는 건 좋지만, 최고는 오래가지 못한다. 영원한 올림픽 금메달리스트는 없다. 최고가 되면 언젠가는 내려와야 한다. 하지만 온리 원이 된다는 것은 다른 사람이 흉내낼 수 없고, 대체될 수 없는 나만의 경쟁력, 즉 나만의 것이 생긴다는 것이다.

직장에 소속된 사람들은 본인을 소개할 때 "○○○ 부장입니다." "○○부서 ○○○입니다." 식으로 명함을 주면서 회사, 소속, 직급을 말한다. 처음 만난 상대에게 나라는 존재를 내가 속한 회사의 일부분으로 알리는 것이다. 하지만 회사와 직급을 다 떼어낸 후 남은 다음의 당신 이름 석 자가, 명함을 전달하는 당신이 어떤 사람인지가 더 중요하다는 것을 알고 있는가?

당신을 잘 아는 사람이 있다면, 당신이 새로운 회사 명함을 내민다면 그 회사에 대해 잘 몰라도 이렇게 말할 것이다.

"좋은 회사인가봐요?"

"제가 새로 옮긴 회사를 아세요?"

"아뇨, 회사는 모르지만, 당신처럼 좋은 사람이 다니는 회사니까 분명 좋은 회사일거예요."

어느 소속, 어떤 직급이 아닌 당신 자체가 브랜드가 되는 순간이다.

이 택시는 어떻게 명품이 되었을까?

울산의 명품 택시 기사라고 소개된 권오길 기사님. 어떻게 그렇게 유명해졌냐고 물으니 우선 본인 차에는 다른 차에 없는 세 가지—껌, 방명록, 쿠션—가 있다고 말한다. 껌은 손님과의 소통을 위해, 방명록은 손님들이 마음을 털어 놓는 도구로, 쿠션은 한 가지라도 더 있으면 고객이 본인을 더 잘 기억할 수 있을 것이라며 준비했다고 한다. 그 말을 듣는 순간 내가 교육에서 만나는 헤어살롱의 직원들이 떠올랐다.

3D 업종의 하나인 택시, 한번 타면 다시 탈 확률이 거의 희박한 택시 기사님의 고객을 생각하는 마음과 온리 원(only one)의 차별화를 위한 노력에 감탄하게 되었다. 권오길 기사님이야말로 수많은 택시

기사 중에 자신만의 특별함을 만든 분이 아닐까.

신규 고객의 재방문을 유도하여 고정 고객으로 만들어가는 과정 속에는 디자이너의 기술에 더해 고객의 마음을 움직이게 하는 무언가가 더 있는 것이다.

재미있지 않아서 섭외했다.

유재석의 방송 생활 30주년을 기념하는 프로에서, 축하하러 온 김영희 PD에게 유재석은 당시 유명하지도 않았던 본인을 인기 예능 프로그램의 메인 MC로 섭외한 이유에 대해 물었고, 김영희 PD는 "별로 웃기지 않잖아요."라는 상상도 못한 답을 내놓았다. 이어 김 PD는 유재석은 지금도 폭발적으로 웃기는 사람이 아니라고 하며, 개그맨들 그룹 중에서 굉장히 평범하다고까지 했다. 그런데 이어지는 말이 명언이다.

"근데, 그런 사람이 대박이 나고 롱런할 수 있어. 한번 빵 터진 사람들은 그 소재가 고갈되면 그걸로 끝나는 경우가 굉장히 많아. 은은하게 오래가야 하는데, 유재석은 아주 소탈하고, 솔직해서 섭외한 거지."

누구나 자기가 하는 일에서 최고가 되기를 원한다. 또 일 잘한다 소리를 듣고 싶어 한다. 한마디로 스타를 꿈꾼다. 하지만 유재석을 섭외했던 김영희 PD의 현답을 생각해 보기 바란다.

스타가 되면 잠시 반짝이다 어느새 사라진다. 어느 업계나 스타는 있기 마련인데, 오래 지속되는 사람을 찾는 것은 생각보다 쉽지 않다. 반짝 스타보다 인기가 평범함으로 오래, 그리고 길게 유지되는 사람이 중요하다. 최고가 되기보다는 나만의 차별성와 경쟁력을 갖추어 나를 찾게 만드는 사람이 되어 보자.

스펙보다 중요한 것들

어떤 사람과 일하고 싶으세요?

지금 일하는 곳이 첫 직장인 사람이 얼마나 될까? 이제 막 사회 생활을 시작한 경우가 아니라면 대부분의 사람들이 몇 번의 이직을 경험한다. 심지어 어떤 교육생은 1년에 4번이나 이직했다고 했다. '회사가 없어져서', '경영이 어려워져서'라는 이유에 더해 잦은 이직 에는 이루 말하지 못하는 사연들이 있을 것이다.

이직 경험이 있는 사람들에게 이유를 물어보면 90% 이상이 '사 람'때문이라고 응답한다. 무시하는 상사, 열심히 하지 않는 동료, 부 정적인 이야기만 입에 달고 사는 직원들. 듣기만 해도 숨이 막힐 것 같은 상황이다. 헤어살롱 근무자들 대상으로 교육을 하면서 "언젠 가 원장이 되어 본인의 헤어살롱을 운영하게 된다면 어떤 사람들과 일하고 싶은가?"라는 질문을 한 적이 있다.

"말을 예쁘게 하는 사람이요."

"배려하는 사람이요."

"성실한 사람이요."

"열정적인 사람이요."

이상하다. 돈을 투자해서 내 샵을 차리면 매출에 신경이 가장 쓰일 법도 한데, 매출이 높은 사람, 고객이 많은 사람, 직원들을 교육할 프로그램을 가지고 있는 디자이너라고 말하는 교육생은 없다. 기술에 대한 언급은 없고, 태도적인 부분에 대한 말만 쏟아진다.

화장품 회사에서 교육 팀장으로 근무하던 시절의 나는, 지금 생각해 보면 워커홀릭이 따로 없었다. 머릿속은 온통 일 생각으로만 가득했고, 누가 시키지 않고 인정해 주지 않아도 일을 하면 너무 즐거웠다. 일을 하는 동안 힘들다는 생각보다는 행복했고, 준비해서 누군가에게 알려주는 나눔의 시간들은 내가 살아 숨 쉬고 있다는 사실을 깨닫게 해 주었다. 하지만 안타깝게도 그 시절의 나에게는 나를 이끌어 줄 선배가 없었다.

일본 본사에서 교육을 받고, 그들의 가르침대로 자료를 만들면서, 스스로 일하는 것에 한계를 느끼며, 내게 조언을 해 줄 선배의 부재를 실감했고 그런 멘토의 가르침에 목말라 했었다. 일을 정말 잘하는 상사를 만나고 싶다는 생각을 오래도록 간직했다. 그러다 어느 날, 그렇게 바라던 일 잘하는 상사를 만나게 된다(정확한 표현은 '잘하는'이 아니라 '잘하는 것처럼 보이는 것'이었다). 드디어 나도' 이제 뭔가 배울 수 있겠구나'하는 기대감에 한껏 부풀었다. 하지만 기대감에 부푼 내 마음은 얼마 지나지 않아 풍선처럼 바람이 빠지기 시작했다.

그는 야근을 밥 먹듯 했다. 밤 10시에 퇴근하면서도 눈치를 봐야 했고, 정성껏 자료를 준비하면 "고생했다, 잘했다." 인정과 칭찬은 커녕 이게 뭐냐며 다시 하라는 핀잔의 연속이었다. 내가 일을 못한다고 판단한 그는 나를 인격적으로도 무시하기가 일쑤였다. 그는 필패 신드롬이 있었고, 나는 어느새 그에겐 무능한 직원이 되고 말았다. 매일 그만두고 싶었지만 그럴 수 없는 상황에 놓인 내 자신이 더 싫었다. 하지만 결국 그 상사도 얼마 후 회사를 떠나게 되는 것을 보면서 참 씁쓸해 했던 기억이 있다.

이후 나는 업무적으로 능력 있는 사람보다는 인정과 칭찬, 격려를 아끼지 않는 사람이 되어야겠다는 결심을 하게 되었고, 다시금 그런 상사를 기대하게 되었다.

스펙보다 태도

나만 그런 걸까? 다른 사람들은 일 잘하는 사람을 선호하는데, 나만 감정적으로 마인드나 태도가 중요하다고 하는 걸까? 2021년 7월 〈잡 코리아〉에서 직장인 1,056명 대상으로 '함께 일하고 싶은 동료 유형'에 대해 조사한 결과, '인성이 좋고 협력이 잘되는 동료'

유형을 선택한 직장인이 응답의 절반 이상(62.3%)을 차지했다. 이어 '눈치가 빠르고 융통성이 있는 동료(39.8%)', '전문지식과 업무 능력이 뛰어난 동료(38.1%)' 순으로 나타났다. 또한 '예의 바르고 성실한(32.4%)', '긍정적 마인드로 밝은 인상의(28.0%)' 동료를 함께 일하고 싶은 동료 유형으로 꼽았다. 기업별로 모두 '인성이 좋고 협력이 잘 되는 동료'를 선호한다는 답변이 가장 높았다.

시대가 변했다고들 한다. 모든 것이 시대의 변화에 따라 달라지는 게 맞다. 그런데 함께 일하고 싶은 동료, 결국 사람에 관한 것은 시대가 변해도 거의 달라지지 않았으며, 여전하다는 것을 확인하게 되어 안심이 되고 한편으로는 기뻤다. 일보다 우선하는 게 분명히 있다. 2014년 기업 교육기관인 휴넷에서 직장인 1,376명을 대상으로 함께 일하고 싶은 동료에 대한 조사 결과에도 1위가 성실하고 책임감 강한 사람(44.4%), 2위 의사소통능력과 대인 관계가 좋은 사람(28.1%), 3위 열정과 도전 정신이 있는 사람(18.1%), 4위 실무 능력이 뛰어난 사람 (9.1%) 순이었다.

전문가들이 그토록 중요하게 여기는 기술보다 더 중요한 것이 있다. 바로 열정, 대인 관계, 성실함이다. '능력이 없으면 열정이 있어야 하고, 열정이 없으면 겸손해야 하며, 겸손하지도 못하면 눈치가 있어야 한다'고 〈삼시세끼〉에서 차승원도 후배들을 향해 따끔한 어록을 남겼다.

내가 늘 교육하던 내용과 같은 말을 해서 놀랐지만, 시대가 흘러
도 기본은 변하지 않는다는 것이 진실이다. 어떤 스펙보다 태도가
중요하다.

함께 일하고 싶은 사람

어떤가? 당신 주위에는 조사 결과처럼 함께 일하고 싶은 '괜찮
은 사람들이 많은가?' 또 하나의 질문은 '당신은 누군가에게 괜찮은
사람인가?'이다. 사람들은 정말 괜찮은 사람을 바라면서 정작 자신
은 함께 일하고 싶은 조건의 사람이 아니라고 한다. 불공정한 거래
를 바라는 셈이다. 스펙을 고민하기 전에 나를 되돌아보는 것이 먼
저 할일이다.

나 역시 이런 저런 이유로 이직을 하면서 바라는 좋은 사람들 대
신 더 힘들어지는 관계 속에서 실망만 커져 갔었다. 어디를 봐도 내
가 바라는 파랑새는 없었다.

괜찮은 사람들을 언제까지 찾아다녀야 하는 걸까? 다들 바라지
만 쉽게 찾을 수 없는 사람들. 그렇다면 내가 그런 사람이 되어 보자
고 결론을 내렸다. 내가 나를 먼저 괜찮은 사람으로 만든다면 사람
들은 나와 일하고 싶어지게 되지 않을까.

세상에서 가장 중요한 세 가지 질문

내가 결정한 일을, 행복하고자, 자신을 위해 일하는 사람들. 내가 모든 것의 중심에 있다. 그러다 보니 조직에서 원하는 함께 일하고 싶은 사람들과는 점점 거리가 멀어지고 있다. 좋은 사람들이 만들어질 리가 만무하다. 이율배반적인 일이다. 사람마다 바라는 성공과 행복의 기준은 다를 수 있겠지만, 우리가 놓치고 있는 진실이 있다.

러시아의 대문호인 톨스토이는 그의 단편집 《세 가지 질문》에서 '세상에서 가장 중요한 때'와 '세상에서 가장 중요한 사람', 그리고 '세상에서 가장 중요한 일'에 대해 묻는다. 이 질문에 교육을 받던 사람들은 지금이 중요한 때이며, 내가 가장 중요하고, 내가 지금 하는 일이 중요하다고 답을 한다.  자신의 소중함을 알게 된 긍정의 효과가 나타나는 순간이라 잠시 기쁘다. 하지만 우리가 알아야 하는 진실은 이 세상에서 나 혼자만의 힘으로 무언가를 이루기에는 한계가 있다는 것이다.

헤어를 하는 데 걸리는 시간은 정해져 있고, 하루 종일 내가 시술할 수 있는 고객의 수도 정해져 있다. 그렇다면 나 혼자서는 아무리 열심히 해도 일정 금액 이상의 매출을 기대하기 어렵다는 결론이 나온다(물론 시술 가격을 올리는 방법이 있기는 하다). 더 많은 매출이 가능한 방법은 누군가가 나를 도와주는 것이다. 바로 협업이다. 동료이든 후배이든 손을 맞춰서 일을 하면 된다.

이제 눈치를 챘는가? 톨스토이가 알려준 진실은 '세상에서 가장 중요한 지금, 그리고 세상에서 가장 중요한 내 앞에 있는 사람, 그리고 내 앞에 있는 사람에게 도움이 되는 일'이 세상에서 가장 중요한 일이라는 것이다. 멀리 있는 사람, 자주 만나지 못하는 사람, 내 마음에 있는 사람보다 지금 내 앞에 나와 함께 있는 사람에게 필요하고 도움되는 일을 하는 것이 곧 나를 위한 일이다.

오늘이 늘 마지막 날인 것처럼

성실하고 책임감 강한 사람 되기. 타인을 배려하고 존중하기. 그러면 당신은 누구나 함께 일하고 싶은 사람이 된다. 재능은 그 자신만 돋보이게 하지만, 성실·책임감·배려는 그로 인해 모든 것이 돋보이게 하는 일이다. 사람의 마음을 얻는 것 이상의 능력은 없다.

'일기일회(一期一會)'

오늘이 마지막인 것처럼

성장하고 싶다면 반드시 이 말을 기억하자. 앞으로 당신 인생에서 동료로 또는 고객으로 만나게 될 수많은 인연과 만남에서 당신이 가져야 할 마음가짐이다. 당신은 접객하는 것이 아니다. 당신이 하는 일은 비즈니스다. 당신은 점원인가? 형식상으로는 그렇다. 하지만 당신은 지금 당신 미래를 위해 살고 있지 않은가. 미래에 사업장

경영이 목표가 아닌가. 비즈니스는 연애다. 고객을 만나는 게 설레면서 무어라도 해주고 싶다. 사랑하는 사람을 만날 때 사랑하기 위해 노력하지는 않는다. 사랑받기 위해 내가 무엇을 줄 수 있을 것인가를 끊임없이 고민한다. 그게 비즈니스를 하는 경영자의 태도다.

지금의 소중함

주일 아침, 책을 읽으며 흘러나오는 라디오 사연 하나를 들으면서 내 주위 사람들을 생각하며 반성했다. 사연은 이랬다.

어느 날 퇴근 후 집에서 쉬고 있는데, 친구에게서 전화가 걸려왔다. 만나자는 친구의 말에 피곤해서 나가지 않았는데, 친구를 다시 만난 건 그의 장례식장에서였다. 영정 속 얼굴을 차마 쳐다볼 수 없었다. 예전 내가 회사 일로 힘들어할 때, 출장에서 돌아오자마자 나를 보러 와준 친구였다. 하지만 정작 그가 힘들어했을 때 나는 그의 손을 잡아주지 못했다. 시간이 흘렀어도 그날 그가 내게 하고팠던 말이 무엇이었을까. 그 말을 듣지 못한 나는 평생 그 물음을 안고 살아가야 할 것이다. 그 후로는 만날 일이면 미루지 않고 만나러 나간다. 사람의 운명은 누구도 모르는 것이니까.

첫 회사인 아모레 퍼시픽 뷰티아카데미에서 나는 나이 많은 막

내 강사였다. 나를 유독 잘 챙겨주던 한 살 위 선배가 있었는데, 회사 생활을 3년간 같이 했었다. 세월이 흘러 다시 연락이 닿았는데, 언니는 백혈병으로 무균실에 입원해 있다고 했다. 건강히 만나자는 짧은 통화를 한 지 6개월 정도 지났을 무렵, 교육을 마치고 핸드폰을 확인하니 언니 번호로 문자가 와 있었다. 반가운 마음에 화면을 열었는데 부고였다. 사람들에게 알리지 말라는 언니의 유언으로 이미 장례식도 끝난 후라며 동생이 보낸 것이다. 첫 사회 생활에 힘이 되어주었던 언니를 만났던 때가 세월을 거슬러 세어보니 30년 전이었다.

사랑하는 사람은 지금 사랑하는 게 최선이다. '언젠가'라는 말로 마음을 미루다 보면, 최선을 다하는 마음은 늘 '언젠가'라는 미래의 부채(負債)로만 존재할 뿐이다. 이 시간은 다시 돌아오지 않는다. 《진정성의 여정》(이창준) 중의 '왜 삶이 아름다울까? 그것은 우리가 어느 날 아무런 예고 없이 생을 마감하

기 때문이다'라는 글이 떠올랐다. 시간에 반복은 없으니까. 한번 지나면 그것으로 끝나고 마니까. 영원히.

내가 알잖아

남이 알아주는 나보다 내가 알아주는 나

고객 중에는 매장을 들어오면서 먼저 반갑게 인사하는 분들이 있다. 이런 분에게는 더 잘해 드리고 싶은 마음이 든다. 인지상정이다. 교육생도 마찬가지이다. 교육장에 들어올 때 저마다의 '격'이 드러난다. 반갑게 인사하며 들어오는 사람이 있는가 하면, 먼저 인사를 해도 눈도 마주치지 않고 지나쳐 들어가 버리는 사람도 있다. 같은 환경에서 함께 일하는 사람들이지만 저마다 태도가 다른 이유는 무엇일까?

그 힌트는 감성지수(*EQ*)에서 찾을 수 있을 것 같다. 1990년에 피터 샐로비(*Peter Salovey*)와 존 D. 메이어(*John D. Mayer*)는 익숙한 IQ가 아니라 'EQ(*감성지수*)'에 대한 개념을 발표했다. 이성적 이해력 이상으로 감성적 공감 능력 또한 중요하다는 이야기가 주요 골자다. 감성지능이 중요한 이유는 인간은 감정의 동물이므로 우리가 상황에 따라 느끼는 감정을 제대로 인식하고, 조절하고 표현할 줄 알아야 하기 때문이다. 내 감정에 대한 정확한 이해와 표현은 타인을 공감하는 데 우선되어야 하고, 원하는 행복한 삶을 만들어가는 데 중요한 역할을 하므로 누구에게나 필요하다. 나와 타인, 그리고 상황 속에서 만들어지는 감정과 기분을 알고 관리하는 능력과 공감능력까지 겸비한다면 더 편해지고 행복해질 것이다.

"당신은 당신을 잘 아는가?"라는 질문에 머뭇거린다. 자기 소개를 하라고 하면, 부모님, 형제, 고향 등 주위 이야기가 대부분이고 자신은 빠져있다. 자기를 둘러싼 환경에 대한 정보의 나열에 그치는 게 전부다. 자신을 바라보는 주관적인 느낌, 견해를 말하는 이가 거의 없다. 일이 본인에게 어떤 의미인지 물으면 잘 모르겠다고 답한다. 어떤 감정으로 일하는가를 물어도 잘 모르겠다고 답한다.

"그냥요."
"그냥 해요."
"그런 거 신경쓸 겨를 없어요."

자신을 알아보는 진단 시트를 작성할 때도 자신이 어떤 성향인지를 표시하는 것조차 힘들어한다. 표시한 문항과 실제 행동이 다른 자신에게 당황하기도 하고, 실제 그런 상황에 놓이게 될까봐 거짓으로 작성하기도 한다. 내가 나를 모르는 이상 인생을 자기 주도적으로 그려갈 수는 없다. 세상 모든 일에는 이유가 있다. 법, 도덕, 윤리, 제도, 규율 등이 이유에 대한 답이다. '그냥'이란 말은 '이유 없음'이란 뜻이다. 이유가 없는데, 기합을 넣어 일할 동력이 있을 리 없다. '그냥'을 습관적으로 내뱉고 산다는 것은, 마지못해 그 일을 하고 있다고 봐도 지나치지 않을 것이다.

사람이 언제나 잘할 수는 없다. 잘 안 될 때 나의 감정을 알아차리고 태도를 전환하면 되는 것이다.

한번은 교육을 완전히 망친 날이 있었다. 이 일을 계속해도 될지 고민까지 했을 정도로 좌절했다. 그날 이후 교육 일정은 계속 있었는데, 자신이 없었고 도망치고 싶은 날이었다. 그때 나를 일으킬 사람은 다름 아닌 나였다. 당장 자신감을 회복하지 못하면 예정된 교육을 진행할 수 없다. 이대로는 큰일이었다. 차분히 앉아 나는 인정받았던 일을 머릿속 사진첩에서 한 장씩 다시 꺼내 보았다. 평점 만점을 받은 날이 있었다. '그랬지'하며 자신감이 올라왔다. 내 교육에 용기를 내 매출이 올랐다는 감사 인사를 받은 기억을 떠올렸다. 내가 괜찮은 강사라는 안도감이 생겼다.

안도감에 '그래, 못할 수도 있어. 다시 하면 되지'라는 마음의 여유가 생겼다. 곧 편안해졌다. 힘들 때면, 나에게 친절했던 사람들을 떠올려 보자. 그들로 인해 웃었던 일을 꺼내 보자. 그러다 보면 알게 된다. 내가 여전히 괜찮은 사람이라는 걸.

〈효리네 민박〉이라는 프로그램에서 인상적인 장면을 보았다. 평소 자존감이 낮다며, 마음이 힘든 여학생에게 효리는 '내가 예쁘지 않으면 사람들이 날 예쁘게 안 봐줄 것 같다는 생각'에 대해 말을 한다. 그러면서 "사람들이 예쁘게 안 보는 게 아니야. 내가 나를 예쁘게 봐주지 않은 거였어."라고 말한다. 그녀의 말이 옳다. 타인의 기대에 맞춰 사느라 정작 자기 본모습으로 살아가지 못한다는 것이다. 내가 먼저다. 내가 나에게 이기적이어야 한다. 이타심은 그다음이다. 타인을 향한 배려도 사랑도 본인을 먼저 챙기고 나서야 진짜 배려이고 진짜 사랑이 된다.

집에서 의자 밑바닥을 열심히 다듬던 남편에게 효리는 말한다. "아무도 안 보는데 뭘 그리 열심히 해?"라고 하니 남편이 말한다. "내가 알잖아."

그래. 남들이 알아주는 것보다 중요한 건 아무도 바라봐 주지 않는 나를 내가 생각해 주는 것이다. 당신 자신에게 말해 보자. '그래도 잘하고 있다고', '나라서 여기까지 온 거라고', '내가 안다고.'

감정이 태도로 드러나면

예전 회사에서 옆 부서 팀장은 화가 많은 사람이었다. 늘 직원들이 안절부절 눈치만 살폈다. 평소엔 괜찮다가도 한순간 분위기를 살벌하게 만든다. 가만히 보니 중요한 일을 앞두면 그는 유독 심하게 긴장했고, 그러면 어김없이 목소리가 커졌다. 마음이 급하면 일이 뒤죽박죽된다. 옆에서 지켜보니 해결 방법이 보인다. 평소보다 더 많은 시간을 가지고 여유 있게 준비하면 된다. 감정이 걸러짐 없이 그대로 행동으로 표출되는 사람과 누가 함께 일하고 싶을까.

타인은 나의 거울이다. 그의 행동을 보면서 나를 돌아보았다. 충격적이게도 별반 다르지 않았다. 그러지 않은 척했지만, 사실 나는 화가 많은 사람이다. 문제는 내가 화를 낼 때 스스로 화낸다는 사실을 알아차리지 못할 때가 있다는 거다. 화를 내는 사람이 옆 부서에 있는 덕분에 나를 알아차리게 된 것은 참 다행이다 싶었다.

조급해지면 나도 모르게 짜증 섞인 목소리로 쏘아붙이던 나를 떠올렸다. 불편한 사람에게는 옆 부서 팀장처럼 말을 내뱉어 놓고는 다른 사람들이 나를 어떻게 생각할까 하며 반성하기도 했다. 나로 인해 힘들었을 사람들에게도 미안했다. 화를 알아채면 통제할 수 있다. 이것이 중요한 점이다.

프로와 아마추어

프로와 아마추어의 가장 큰 차이점을 말하라면 나의 기준은 명확하다. 감정이 태도가 되는 사람은 나이, 직급 여하를 막론하고 아마추어다. 감정대로 행동하고 말을 내뱉는 순간 우러러 볼 만큼의 화려한 경력과 직급이 한순간 물거품이 되는 것을 많이 봤다. 반면, 본인의 감정을 폭발시키지 않고 다스릴 줄 아는 후배를 만날 때면 경이로움을 느낀다.

내가 언제, 어떤 상황에서 화를 내는지를 알아야 한다. 웬만하면 참다가 기침처럼 나도 모르게 화를 내는 지점이 있다. 화를 내고 있는지를 아는 것 자체가 자기 감정을 인식하는 것이니 다행일 수 있다.

화를 다스리려면 해소 방법도 함께 알아야 한다. 한숨을 크게 내쉰다, 운동을 한다, 숫자를 세어본다, 좋았던 기억을 떠 올린다 등 전문적인 완화 방법이 있다. 그런데 그 어떤 것보다 스트레스 해소에 좋은 방법이 있다는 연구가 눈에 띈다. 영국 서섹스 대학교 인지 심경심리학과 데이비드 루이스 박사팀의 연구 결과에 따르면 스트 레스 해소법 1위는 독서다. 요즘처럼 책 안 읽는 시대에 의외의 결 과이다. 연구팀은 독서, 산책, 음악 감상, 비디오 게임 등 각종 스트 레스 해소 방법들의 실제 효과를 연구한 결과 6분(360초) 정도 책을 읽으면 스트레스가 68% 감소됐고, 심박수가 낮아지며 긴장된 근육 이 풀어진다고 밝혔다. 2위는 음악 감상이다. 음악 감상은 61%, 커 피 마시기는 54%, 산책은 42% 순으로 스트레스를 줄이는 것으로 나타났다.

정리 정돈을 하는 전문가들의 모습을 보면서 배웠다. 비워야 더 좋은 것이 들어올 공간이 생긴다는 것을, 들어온 것들이 나를 더 행 복하고 자유롭게 해준다는 것을 말이다. 내 감정은 소중하다. 화가 행동이 되지 않게 해야 한다. 감정의 포로가 아닌 프로가 되기 위해 우리는 화를 알아차리고 스스로 통제할 수 있어야 한다.

나에게 교육은 호흡입니다

"강사님, 잠깐 상담할 시간이 있나요?"

교육이 끝나고 나면 관리자와의 갈등으로 인한 본인의 무능함, 존재감의 부재 등을 상담하고자 하는 교육생들이 종종 있다. 이야기를 들어보면 그들이 느끼는 무능함이란, 열심히 하는데 알아주지 않는 것, 그래서 본인이 선택에서 밀려나는 경험 등이다. 본인이 결정하고 본인이 하고 싶은 '일'에 대한 것보다는 바닥인 자존감과 존재감에 대한 부정적인 이야기들로 꼬리를 문다. 안타깝다. 나도 그랬었다. 누구나 한번쯤은 있을 법한 일이다.

"일을 계속 해야 할지 고민이예요"

"이 일을 왜 하세요? 일이 선생님한테는 어떤 의미가 있나요?"

새해를 맞이하거나 새로운 달 또는 새 학년을 맞이하면서, 뭔가를 시작하면서의 각오는 컸었다. 하지만 우리는 안다. 작심삼일이란 단어가 나를 위해 만들어진 말이란 것을. 의지로 시작했으나 의지는 나약하기 짝이 없다. 상황이 의지를 꺾어 버리기에 충분하다. 그럼에도 끝까지 해내는 사람들이 부럽다. 이를 악물고 하면 치아가 아프고 입술에 피멍만 든다. 참고 하는 것은 오래가지 못한다는 것은 내가 더 잘 안다.

아침 교육을 마치고 사무실로 들어가는데, "강사님, 사무실에 계세요?"라는 톡을 받았다. 잠시 후에 도착한다고 하니 교육을 받으러 왔는데, 인사하고 싶다는 글을 준 감사한 교육생. 도착해서 만난 그녀는 "강사님 드리려고 샀어요."라며 커피 음료를 건네준다. 그리고 잠시 나눈 대화에서 그녀가 마음이 힘들어서 치료를 받고 있는 중이며, 잠시 일을 쉴 것이라는 것을 알게 되었다. 일하면서 그녀가 겪었을 마음을 생각하니 내 마음도 아팠다.

그런 그녀가 쉬기 전에 마지막 교육을 오면서 나를 생각하며 사온 그 커피 음료는 어디서나 살 수 있지만, 나에게는 이 세상에 하나밖에 없는 것이 되었다. 오랜 동안 책상 위에 놓고 바라보면서 내가 교육하는 의미를 생각했었다. 교육을 잘 해야지 하는 의지보다 나를 움직인 건 내가 하는 일의 의미이다.

교육을 하다 보면 유난히 강한 에너지가 느껴지는 날이 있다.

그런 날엔 여지없이 일에 대해 의미를 부여하고 있는 교육생이 많은 날이다. 오랫동안 교육을 하면서 밝혀진 사실이다. 좋아하는 일을 하는 사람들이라고 매 순간 좋을 수는 없지만, 일을 하는 이유가 있기에 스스로를 토닥이며 나아간다. 일의 의미를 찾을 때 더 가치 있는 일을 하게 된다.

아침 일찍 헤어살롱 직원들에게 마인드 교육을 하러 가는 날이었다. 강사가 강의 전에 교육 내용을 준비하는 것은 당연하며, 그에 못지 않게 중요한 것이 마음 준비이다. 마인드 교육이니 에너지도 필요하다. 그런데 교육 전날 밤 딸과 의견 충돌로 다툼이 있었고, 미처 풀지 못한 벌집 같은 마음으로 집을 나서게 되었다. 안정되지 않고 속상한 마음을 가득 안고 새벽 운전대를 잡았다. 일이 뭐길래, 교육이 뭐길래, 지금 내가 무슨 교육을 할 수 있을까? 머릿속이 복잡했고, 호흡은 거칠었다. 그러다가 잠시 신호 대기 중에 SNS에 올라온 글 하나를 보게 되었다.

우리는 어둠 없는 빛을 원하며 가을과 겨울의 고난 없이 봄, 여름의 영광을 원한다

그러나 우리 몸에 들숨과 날숨이 있듯이 이 둘은 함께 있을 때 건강하다.

《삶이 내게 말을 걸어 올 때》의 한 구절이었다.

거친 숨을 몰아쉬던 나의 눈에 들어온 문구는 '들숨과 날숨이 있듯이 이 둘은 함께 있을 때 건강하다'였다. 몇 번을 읽었다. 내가 지금 숨쉬기 힘들 정도의 버거운 마음이고 거친 숨을 쉬고는 있지만, 살 수 있고 건강할 수 있는 건 들숨과 날숨의 함께 있음 때문이다. '교육이 뭐길래?'라던 물음에 '바로 이거였구나'라는 생각이 들었다. 교육은 나에게 들숨과 날숨이었다. 교육은 나에게 호흡이었다. 마음이 조금 가라앉았다. 그래서 내가 교육을 이토록 놓지 못하고 있었구나. 교육의 의미를 찾던 순간이었다.

이후로는 교육을 마치면서 나의 클로징 멘트는 "함께 호흡해 주셔서 감사합니다."이다. 당신에게 당신이 지금 하고 있는 일의 의미는 무엇인가? 프로로 일을 하고 싶다면 그냥 왔다갔다 출근하는 사실(fact) 말고 일하는 의미(meaning)를 찾아야 한다.

《어린왕자》의 저자 생떽쥐베리의 말은 일의 의미가 더 중요함을 다시금 생각하게 한다.

"만일 당신이 배를 만들고 싶다면, 사람들을 불러 모아 목재를 가져오게 하고 일을 지시하고 일감을 나눠주는 등의 일을 하지 마라! 대신 그들에게 저 넓고 끝없는 바다에 대한 동경심을 키워줘라."

긍정 그리고 근태

일할 때 가장 필요한 자기 관리의 조건이 무엇인지 묻는다면 나는 긍정적인 마음이라고 말하겠다. 언젠가 《세계 최고의 인재들은 왜 기본에 집중할까》(도쓰카 다카마사)라는 제목의 책을 읽었다. 부제는 '평생 성장을 멈추지 않고 노력하는 사람들의 48가지 기본' 이었다.

자기 관리에는 긍정의 마음 외에도 근무 태도, 단정한 용모가 더해져 있다.

교육생은 마음의 시달림이 가장 힘들다고 한다. 육체적으로 힘든 건 견디겠는데, 마음이 힘든 건 참기 힘들다는 것이다. 이해한다. 사람 상대하는 일만큼 어려운 일도 없다고 하지 않는가. 마음이 힘들면 몸은 더 힘들어진다. 그러면 곱고 예쁜 말과 행동이 나오지 않는다. 곧 태도의 문제로 이어지고, 매장 성장에 걸림돌로 작용한다.

교육 강사로서 나의 철학은 '강의 내용과 일치하는 삶을 살자!' 는 것이다. 교육생에게 긍정의 마음을 가지라 하면서 내 삶이 부정으로 가득 차서는 안 될 일이다. 감사한 마음을 가지는 것이 삶을 긍정하는 자세라는 걸 잘 알고 있다. 그래서 나는 사소한 일일지라도 감사를 표한다.

자유로운 근무 형태로 직장인들의 로망인 회사가 있다. 김봉진 대표의 〈우아한 형제들〉이 그곳이다. '직원들이 바라는 회사' 설문을 받아 회사 위치까지 옮길 만큼 모든 것이 직원 우선으로 움직이는 이곳에도 철의 규칙이 있으니 그것이 바로 '정시출근'이다. 출입문 앞에는 '9시 1분은 9시가 아니다'라는 표어가 달려 있고, 아침 9시까지 출근하는지를 불시에 점검하는데, 걸리면 매일 출근 보고를 해야 한다. '지각 빼고 뭐든 허용된다'는 위클리 비즈의 헤드카피가 일에서 가장 우선해야 할 가치를 선명하게 말해 준다.

화장품 회사 팀장일 때 팀원 충원을 위한 면접 날, 지원자 한 명이 지각을 했다. 근태가 제일 중요한 태도라고 생각하던 나는 그 지원자를 맘에 들어하지 않았는데, 상사가 뽑아버리는 불상사(?)가 생기고 말았다. 내키지 않았지만 어찌할 도리는 없었다. 문제의 지원자가 첫 출근을 하던 날 그는 기대를 저버리지 않고 또 지각을 했다. 이후로도 늘 5~10분씩 지각을 밥먹듯 했는데, 그러면서 본인은 더 좋은 브랜드의 교육을 맡고 싶다고 불만을 토로했다. 잦은 지각을 하고 정시 퇴근하는 그는 스스로 신뢰를 잃었다.

'차가 막혀서, 일이 생겨서'라는 변명은 한 번이면 족하다. 예약 시간에 늦는 고객들은 욕하면서, 정작 본인들이 교육에 늦어서 될 일인가. 교육 강사가 늦잠을 자서 교육이 취소된다면? 교육뿐만 아니라 영업에도 막대한 지장을 줄 게 뻔하다.

나는 현장 교육이 있을 때 늘 30분 전 도착이 기본이다. 일찍 도착하게 될 때는 혹시라도 시간보다 일찍 나와 문을 열어 줄 직원이 있는지 물어본다. 교육보다 10~15분 일찍 나와서 기다리는 직원은 흔하지 않다. 허겁지겁 뛰어와서 마지못해 교육을 받는 것보다 조금 일찍 나오면 여유 있게 교육받고 도움이 될 텐데, 그런 마음의 준비가 되지 않는 사람들이 많다.

회사에서 외부강사 초빙 교육을 할 때면 내가 강사를 맞이할 준비를 했다. 오전 10시 교육이 있던 전날, 외부강사에게 문자를 보냈다.

"제가 8시에 출근하니 일찍 도착하시면 연락주세요."

다음 날 내가 출근하기도 전에 강사는 근처 카페에 이미 도착해 있었다. 본인은 늘 교육 3시간 전에 도착해서 준비를 한다는 것이다. 그의 태도만 보아도 교육 내용이 어떨지 짐작이 간다.

COMMUNICATION

Chapter **2**
고객의 **마음**을 훔쳐라

실수까지 연습합니다

21세기의 문맹

미래학자 앨빈 토플러는 "21세기의 문맹은 읽고 쓰지 못하는 사람이 아니라, 새로운 것을 배우려고 하지 않는 사람"이라고 했다. 익숙한 것을 고수하려는 이들에게 가해지는 일침이다.

화장품 회사에서 교육팀장으로 일하면서 팀원들을 인격적으로 무시나 면박을 준 적은 없다. 팀장은 직원 한 사람 한 사람의 속사정까지 살펴 알고 있어야 한다고 나름대로 생각했는데, 입장을 바꿔서 생각하면 직원들에게 내 오지랖이 좋기만 했던 건 아닐 것이다. 월요일에 출근하면 주말에 뭘 했는지 세세한 것까지 알려고 들었고, 연차 신청서를 낸 직원에게는 무슨 일이냐며 이유를 물었다. 지금이야 절대 있을 수 없는 일이겠지만, 그때는 그랬다. 얼마나 부담스럽고 힘들었을까? 미안한 마음이 든다. 시간이 흘러 알게 되었다. 관계에는 늘 적당한 거리가 필요하다는 걸 말이다.

한번은 내 말투 때문에 상대가 상처를 입었다는 이야기를 들었다. 그 소릴 들었을 때 처음에는 당황했다. 내가 누군가에게 나쁜 의도로 말을 했을 리가 없기 때문이다. 의아할 수밖에 없었다.

자신의 문제를 스스로 들여다보기는 어렵지만, 상대의 문제는 잘 보인다. 친하게 지내는 지인 가운데 상대에게 축하를 보내는 말마다 그 말투가 묘하게 거슬리는 사람이 있다. 말은 축하인데, 어디가 꼬인 듯한 뉘앙스를 풍기는데 나만 그렇게 느끼는 게 아니라는 것을 알게 된 후, 내 말투는 어떤가를 겸손하게 돌이켜 보게 되었다. 듣는 이를 고려하지 않고 던지기만 하는 대화를 해온 것은 아닌가 하는 생각이 들어서 마음이 덜컥했던 기억이 있다.

그래서 나의 대화를 직접 녹음해서 들어보기로 했다. 녹음된 내 말은 어땠을까? 내 말투는 정말 잠시도 들어줄 수 없을 정도였다. 어조는 단호하고, 딱딱 끊어지는 말투여서 오래 듣고 있으려니 피곤하기까지 했다. 대화를 할 때나 교육 때 내 귀에 들린 내 목소리는 분명 부드럽고 친절했는데 말이다. 이후로는 강의할 때마다 녹음하고 내 목소리를 모니터링하는 습관을 들이고 있다. 녹음하고 확인하고 고치는 식이다. 고객은 불만을 쉽게 드러내지 않는다. 잘한다는 자기 착각에 빠져 있으면, 상대가 나에게 품고 있는 불만을 알아차릴 길이 없다. 내가 나를 확인하지 못하면 우리는 대화의 함정에 얼마든지 빠질 수 있다는 것을 알아야 한다.

한국말을 한다고 해서 누구나 대화를 잘하는 것이 아니다. 특히 비즈니스 세계에서 대화의 문맹자가 되지 않으려면 상대에게 전달되는 자신의 말투가 어떤 모양을 하고 있는지 확인하고 깨어 있으려 노력해야 한다.

'함께 일하고 싶은 사람' 순위를 보면, 대개 의사 소통력이 좋은 사람이 1, 2위에 해당한다. 과연 나는 상대방이 대화하고 싶은 사람이라고 확신할 수 있을까. 내 주위에 있는 사람들은 내게 자신의 속사정까지 고백할 정도로 나를 신뢰하는가? 대화가 통해야 관계가 통한다. 대화는 관계의 다리다.

부족해서 시작했어요.

"강사님은 좋겠어요."

"예?"

"대화의 기술에 관해서 교육하는 분이니까 누구와도 좋은 관계를 유지하고 있을 것 같아서요. 저는 대화가 어려워요. 도무지 모르겠어요."

내가 대화에 관심을 두게 된 것은 내가 못해서다. 인간관계가 미숙해서 사람에게 쉽게 상처받았고, 마음은 늘 벌집을 쑤셔놓은 것처럼 어수선했다. 더는 아프기 싫어서 관심을 가지고 배우기 시작했다.

소통 능력은 곧 자기 객관화 능력이다. 누군가와 대화를 할 때 이야기하는 '나'를 바라보는 메타적인(나를 바라보는 나) 시각을 가질 때 자기 객관화가 가능하다. 나를 바라보는 나를 확인하기 위해 거울을 보고 이야기하거나, 대화를 녹음하고 들어보는 연습은 큰 도움이 된다.

당신의 말이 공평한가요

"점판이 뭐예요?"

경력이 전혀 없던 헤어 업계에서 교육을 하게 되었을 때 처음 주어진 교육의 주제는 점판이었다. 점판은 헤어살롱을 방문해 시술을 받은 고객들에게 모발과 두피 문제 해결을 위한 홈케어의 필요성을 알려주면서 제품을 판매하는 것이다. 살롱 내의 응대 흐름도, 직원들의 동선과 생각도 잘 모르던 때였는데, 그런 나에게 교육을 하라는 미션이 주어진 것이다. 머릿속은 하얘졌고, 어디서부터 시작해야 할지 난감하기만 했다. 그렇다고 경력자로 입사한 내가 '못한다'라고 할 수 없는 상황이었기에 고민은 시작되었다.

판매하는 장소와 제품, 사람은 다르지만, 난 15여 년 경력의 화장품 브랜드 교육팀장이었고, 현장에서 고객의 니즈를 파악해 제품을 권해 주고, 판매로 이어지게 하는 직원들을 대상으로 교육을 하던 사람이다. 딱히 세일즈 교육이라는 주제로 교육하지는 않았지만, 결과적으로는 매출을 만드는 직원들을 대상으로 교육하지 않았던가.

같은 사람이, 같은 내용으로, 같은 교육을 했음에도 불구하고 직원들의 매출은 같지 않았다. 교육 후 페이퍼 시험 성적이 좋았던 직원이 매출은 좋지 않은 경우가 있고, 반대로 페이퍼 시험 점수는 좋지 않은데 매출은 좋은 직원이 있다. 곰곰이 생각을 해봤다. 무엇이 매출의 차이를 만들었을까? 현장을 방문했을 때 내가 본 그들의 모습을 떠올려보니 매출이 좋은 직원들의 상담 때 모습과 그렇지 않은 직원들의 모습. 분명 다른 게 있었다.

좋은 사람의 특징

어느 업계에서나 매출이 높은 사람들의 특징이 있는데, 화장품 업계도 마찬가지이다. 제품에 대해 얼마나 많이 알고 있는가 하는 지식의 크기보다 중요한 것은 바로 고객과의 '관계'이다.

좋은 관계를 유지하는 직원들에게는 그들만의 필살기가 있는데, 다음의 6가지이다.

1. 표정에는 미소가 있다.

2. 고객을 기억해 준다

3. 이름을 불러준다.

4. 질문을 잘한다.

5. 잘 들어준다(*공감을 잘한다*).

6. 팔려는 의도를 드러내지 않는다(*사게 한다*).

　고객과 친밀하고 좋은 관계를 유지하는 직원들은 고객의 무한 지지를 받으며 매출을 올린다. 3개월 주기로 소진되는 화장품을 한 달 전에 구매했음에도 불구하고 행사에 초대되는 고객들은 매니저나 직원의 사기를 올려준다는 사명감(?)으로 굳이 구매하지 않아도 되는 제품을 미리 사가기도 한다.

　구입해 간 화장품에서 이물질이 나와 피부 손상이 염려되는 상황에서도 고객은 본사로 연락하지 않고 매장으로 가지고 와서 직원에게 조용히 알려주고 간다. 관계가 좋지 않았다면 본사가 뒤집어질 만큼 심각한 클레임이었지만, 고객이 오히려 이해하고 걱정해 주는 상황을 보면서 신뢰 관계가 얼마나 중요한지 재확인하게 되었다. 대체 얼마나 잘했길래 고객이 저렇게 직원을 위해주는 것일까 하고 감탄했던 기억도 있다.

　반대의 경우도 많다. 제품은 좋아서 사용하고 싶지만 상담해야 하는 직원이 불편해서 제품을 쓰지 못하겠다고 한다. 회사 입장에서는 손해가 아닐 수 없다. 어떤 점이 불편한가를 물으면, 다 싫다고 한다. 하지만 조금 더 들어가 보면 태도와 커뮤니케이션의 문제가 나온다. 성의 없는 답변, 제품이나 프로모션에 대한 지식이나 정보의 부족, 말투, 시간을 지키지 않는 것 등. 설득은 커녕 대화조차 시작되기 어려운 상황이다.

어찌 어찌하여 제품을 사용하게 된 헤어살롱 원장은 얼마 지나지 않아 불편을 호소하며 담당을 바꿔줄 수 없겠냐고 말한다. 분명 얼마 지나지 않아 매출 감소가 예상되는 일이다. 대체할 수 있는 제품만 나오면 사용 제품 전체를 바꾸겠다고 말하던 원장도 있었다. 관계를 만드는 것은 유형도 있고 무형의 무언가도 있지만, 더 중요한 것은 바로 나 자신이다. 내가 하는 말과 행동으로 모든 것을 만들 수도 잃을 수도 있다.

만나기만 하면 입에 침이 마르도록 본인의 헤어디자이너를 칭찬하던 후배가 있다. 정액권을 50만 원, 100만 원씩 지불하고, 팁도 후하게 주며 감사를 표하던 그녀가 어느 날 그 헤어디자이너에게 실망했다며 불만을 토로했다.

내용인즉 지방에서 근무 중인 딸에게 이 좋은 디자이너에게 헤어 시술을 받게 해주고 싶어서 함께 방문했는데, 그날따라 헤어살롱은 고객들로 너무 바빴다. 선천적 곱슬머리인 딸을 어릴 때부터 헤어살롱에 데리고 다녔기 때문에 후배는 매직 시술이 잘 되었는지, 안 되었는지를 한눈에 알아볼 수 있었다. 문제는 헤어살롱이 너무 바쁜 관계로 시술에 정성을 다하지 못하는 것이 고정 고객이면서 충성 고객인 후배의 눈에 보인 것이다. 편치 않은 맘으로 그래도 아무 말 않고 시술이 끝나기를 기다린 후배. 역시나 매직 시술 결과도 맘에 들지는 않았지만, 헤어디자이너의 말 한마디가 완전히 마음을 돌아서게 했다고 한다.

후배가 기대했던 말은 "고객님, 오늘 고객들이 너무 많아서 신경을 많이 써드리지 못해 죄송합니다."였는데, 디자이너는 "너무 잘 나왔어요!"라는 입에 발린 멘트를 하였다. 어울리지도 않은 옷을 입고 거울을 보면서 맘에 들어 하지 않을 때 "너무 잘 어울립니다. 고객님을 위한 옷이네요."라고 말하는 것과 무엇이 다른가. 립 서비스보다 진정성 있는 마음으로 하는 사과 한마디면 충분했는데, 이 중요한 것을 잊고 있었나 보다. 말 한마디 잘못해서 충성 고객을 잃는 우를 범하지 말아야 한다.

좋은 사람은 말을 참 예쁘게 한다. 인간관계도 원만하고 인간성도 참 좋다. 호감이 가고 언제든 함께 일하고 싶어진다. 주위 사람들의 평판 역시 좋다. 사람들은 참 많은데도 이런 괜찮은 사람이 흔하지 않음이 아쉽다. 좋은 사람이 되고 싶다면 먼저 해야 할 일은 자신의 커뮤니케이션 스타일을 점검해 보고 부족한 부분이 있으면 고치려 노력하는 것이다. 아니 반드시 고쳐야만 한다. 하지만 대부분의 사람들은 자신은 문제가 없고, 잘 하고 있다고 생각한다. 말을 할 때 어떤 투와 톤으로 말하는지, 말버릇·표정과 태도는 어떤지 한번 점검해 보자.

소통은 공동 작업이다

EBS 다큐프라임 〈언어발달의 수수께끼〉 중 '나도 말을 잘하고 싶다' 편에서, 지나가는 사람들에게 질문하는 장면이 나온다. "모르는 사람을 만날 수 있는 기회가 10번 주어진다면 몇 번을 만나면 그 사람을 파악할 수 있을 것 같은가?"라는 첫 번째 질문에는 3번 정도라고 답한다. 그럼 "상대방이 본인을 이해하려면 10번 중 몇 번 정도 만나면 될 것 같은가?"라는 두 번째 질문에는 5번이라고 말한다. 그러자 나레이터는 "당신은 이 말이 공평하다고 생각하십니까?"라고 시청자에게 묻는다.

당신이라면 첫 번째 질문과 두 번째 질문에 각각 몇 번이라고 답할 것 같은가?

각 질문에 답한 숫자가 같지 않은 이유는 '나는 사람을 잘 파악하는 능력자', '난 쉽게 내 얘기를 잘 안 한다', '난 속내를 잘 드러내지 않는다'란다. 철저하게 자기 중심적 착각에 빠진 것이다.

커뮤니케이션의 어원은 라틴어 'commuicare'인데 의미는 '공유하다'. '함께 나누다'이다. 그러니 자기 중심적 착각에 빠져 있는 사람과는 제대로 된 소통이 될 리가 없다. 소통은 혼자서 하는 것이 아니라 타자와의 공동 작업임을 기억하기 바란다. 내가 오픈하는 만큼 상대방도 오픈할 것이며, 내가 꽁꽁 싸매고 내놓지 않는다면 상대방도 내놓지 않을 것이다.

눈으로 경청하는 법

보여지지 않는 경청 태도

리더들은 직원들에게 고객의 이야기를 '경청'하라고 한다. 직원들은 매번 들어서 알고 있고, 경청하고 싶지만 구체적으로 어떻게 하는 것인지 방법을 알려주는 리더는 없다. 무엇보다 본인이 몸소 경청하는 것을 보여주는 리더가 드물다. 그러니 직원들은 나름 하고 있다고 생각하는데, 늘 지적을 받고 더 잘해야 한다고 하니 답답하고 억울할 때도 있다.

커뮤니케이션 교육 중에 "여러분들은 지금 제 말을 경청하고 있죠?"라고 물으면 대답은 그렇다고 하는데, 태도에서는 보여지지 않을 때가 종종 있다. 교육을 하면서 정말로 잘 듣고 있는지 궁금할 때가 바로 이런 때이다. 경청이란 단어에는 '기울여서 듣다'라는 뜻이 있다. 일단 말하는 사람쪽으로 몸이 기울어져야 한다는 뜻인데, 의자에 몸을 파묻거나, 팔짱을 끼고 초점 없는 표정으로 그냥 쳐다보는 교육생들이 보인다.

재방문의 비결

모든 영업장에서는 첫 방문 고객인 신규 고객이 다시 오게 만드는 게 숙제이고, 이를 위해 마케팅에 열심이다. 헤어살롱의 경우 신규 고객의 재방문률은 평균 30~35%라고 한다. 10명 중 3~3.5명만이 다시 매장을 찾는다는 것이다. 헤어살롱을 나서면서 이곳은 다시 오지 않을 것이라고 결심한 고객은 또다시 헤어 유목민이 되어 마음을 드는 헤어살롱을 찾아 헤매야 한다. 한때 나도 소개받은 헤어살롱에 부푼 기대를 안고 방문했다가 문을 나서면서 다음 달에는 다시 어디를 가야 하나 하면서 스트레스를 받았던 기억이 있다.

신규 고객을 계속 방문하게 하여 고정 고객으로 만드는 데 어떤 노하우가 있는지 궁금해서 고정 고객이 많은 디자이너, 매출이 많은 헤어살롱의 관리자들과 이야기를 나눠보면 실력은 기본이지만, 추가적으로 한결같이 '상담력'을 거론한다. 시술 내내 별말 없이 고객이 원하는 스타일대로 해주는 디자이너는 스스로 만족할 수 있겠지만, 고객은 다시 오지 않을 확률이 높다. 고객의 고민에 대해 물어봐 주고 공감해 주고 솔루션을 제공하며 본인이 앞으로 함께 도와줄 것이라는 확신과 안도감을 주는 믿을 수 있는 디자이너를 기대하는 고객이 의외로 많다.

스파 정기케어권을 이용해 시간이 될 때 가는데, 매번 만나던 케어리스트가 아닌 새로운 분과 처음 만나던 날, 언제 들어왔는지도 모르게 들어온 새로운 분은 압의 세기가 어떤지, 어디가 불편한지, 어떤 점을 더 신경써주었으면 좋은지 어느 하나 묻지 않고 시간과 매뉴얼에 충실하게 케어를 시작했다. 압이 세서 나도 모르게 "아파요."라고 말했는데 아무 반응이 없다. "좀 약하게 해 주세요."라고 했지만 못 들었나 보다.

계속되는 시술 내내 나는 한 마디도 하지 않았다. 편한 케어를 받기 위해 쪼개어 낸 시간에 릴랙스하고 싶었지만, 내가 마치 그들의 마루타가 되어 연습 대상이 되고 있는 게 아닐까 하는 생각에 온 신경이 날카로워졌었다. 정액권이 아직도 여러 번 남아 있는 관계로 다시 방문하게는 되겠지만, 시술 과정에서 불편한 점을 물어봐 주고, 어디를 더 케어해 주었으면 좋은지 계속 물어봐 주고 신경써 주던 이전의 케어리스트와는 너무나 다른 이 케어리스트는 다시 만나고 싶지 않다는 생각을 하며 그곳을 나왔다.

62% vs 7%

'한국인들은 서로의 이야기에 얼마나 귀 기울이고 있을까'라는 제목으로 2015년 6월 중앙일보에 난 기사를 보면 사람들은 얼마나 자기 중심적 착각으로 대화하는지가 여실히 드러난다. 조사 결과는 '나는 남의 이야기를 경청한다'가 62%인데 반해 '다른 사람이 내 이야기에 경청한다'는 7%라고 나왔다. 62%와 7%의 차이는 심해도 너무 심했다. 왜 나는 잘 듣는다고 생각하면서 남은 잘 들어주지 않는다고 생각하는 것일까? 어떤 태도로 들어 주었길래 남의 경청 정도는 7%밖에 나오지 않은 것일까? 순간 머릿속에는 '내가 잘 들어준다는 것은 나만의 착각이지, 다른 사람이 보기에는 경청하지 않게 보일 수 있구나.'라는 생각이 들었다. 그때부터 나는 누군가의 이야기를 들어주는 나의 태도에 더욱 신경을 쓰게 되었다. 운동선수나 유명 가수가 경기와 콘서트를 마치면 다음 번에 더 잘하도록 부족한 부분을 모니터링하듯이, 나는 스스로를 찍는 360도 카메라가 있다고 생각하면서 나의 부족한 부분을 스스로 피드백하곤 한다.

경청에 대해 이렇게 '해야 한다'보다 '이것만 안 하면 된다'라는 것을 알려주고 싶어서 교육 시에 게임을 진행한다. 자랑하고 싶은 일에 대해 말하려는 사람에게 듣고 싶지 않은 태도를 취하거나 말을 하지 못하게 방해하는 행동을 하는 게임인데, 이를 통해 소통을 둘러싼 갈등이 '듣는 태도'에서 발생하는 것임을 이해할 수 있게 된다. 열심히 자랑거리를 늘어놓는 와중에 상대방은 누워 자거나, 핸드폰을 보

거나, 전화를 받거나, 말하라고 해 놓고 다른 일을 하는 등의 행동을
한다. 또는 듣는 듯 하지만 아무런 표정과 반응이 없다. 이런 상대방
의 행동을 보았을 때 화자에게 어떤 느낌이 들었는지 물어본다.

"내 말을 듣게 하려고 상대방이 혹할 수 있는 제안을 했어요."
"어떻게든 듣게 하려고 목소리를 더 크게 했어요."
"더 이상 말하기가 싫어졌어요."

교육 중의 모든 게임이나 조별 활동은 정해진 시간 안에 진행되
도록 한다. 하지만 유일하게 경청 게임만은 시간을 정하지 않는다.
시간을 정하지 않아도 어느새 교육장은 조용해진다. 들어주는 사람
이 없으니 말하는 사람이 더 이상 흥이 나지 않게 되고 말을 하지 않
게 된다.

눈을 맞추다.
상대방의 이야기를 잘 들어주는 것은 내가 어떤 사람인지를 상대
방에게 알려주는 중요한 태도 중 하나이다. 잘 들어주는 사람들의 경
청하는 태도 중에 나는 몇 개를 하고 있는지 체크해 보자.

1. 상대방과 눈을 맞춘다

2. 질문하고 나서 잠깐 기다려준다

3. 비판하거나 평가하지 않는다

4. 편견을 갖지 않고 상대방의 입장에서 듣는다.

5. 말을 중간에 끊지 않는다(*다른 생각 마세요*).

6. 전화를 쳐다보지 않는다. 받아야 하는 경우에는 양해를 구한다.

7. 몸을 앞으로 약간 기울인다.

8. 상대방의 말에 고개를 끄덕이거나 호응한다

9. 주요 요점은 기록한다.

10. 동작까지 읽어준다.

11. 말로 표현되지 않는 것들을 읽어준다.

12. 적절한 질문과 확인을 한다.

13. 이해할 수 없을 때에는 질문을 한다.

14. 정확한 이해를 위해서는 상대방이 말한 것을 복창한다.

좋아하는 사람과 대화를 할 때를 기억해 보면 위의 것들은 너무 쉬운 것들이며, 이미 넘치게 하고 있을지도 모른다. 하지만 사회생활을 하면서는 만나는 사람들과는 가장 어려운 것이 대화이고 경청이다. 회의 시간, 조회 시간에 당신은 발표하는 누군가를 바라보며 눈을 맞춰주고 고개를 끄덕여 주고, 간혹 놓칠세라 메모도 하는가? 대부분은 앞에서 무슨 말을 하든 큰 관심이 없다. 눈은 바닥을 향해 있고, 메모가 아닌 낙서를 하고 있고, 심지어는 스마트폰을 들여다 보기도 한다.

바라보고 눈 맞추는 것이 왜 필요한지, 왜 중요한지를 알려주는 실험이 있다. 1989년 미국의 심리학자 캘러먼과 루이스는 생면부지의 48명을 모아 두 그룹으로 나눠 한 그룹에겐 아무런 지시 없이, 다른 한 그룹에겐 2분간 상대의 눈을 바라보게 하는 실험을 한다. 어떤 일이 생겼을지는 상상이 가지 않는가? '눈맞춤만으로 서로에 대한 호감도가 상승'한 아주 로맨틱한 결론이 나온다. EBS 지식 채널에서 방영됐던 '눈맞춤의 힘'이다. 상대방의 혈관에서 사랑의 호르몬인 페놀에틸아민을 솟구치게 하는 가장 쉬운 방법이 눈맞춤이고, 사회적 상호작용의 시작인 눈 맞춤은 호감도에 비례하는 것이니, 대화 시간에 85% 이상을 눈맞춤하라고 한다.

상대방의 이야기에 그윽하게 눈을 맞추고 있다면 이미 당신은 경청하고 있는 것이다.

팔짱부터 풀고 얘기할래?

결재를 받으러 온 직원에게 내가 한 말이다. 팀장인 내게 와서 결재를 받거나 뭔가 이야기를 할 때면 앉아 있는 내 앞에 떠억 서서 항상 팔짱을 낀 채로 말을 하는 직원에게 말이다. 그 직원을 대할 때면 말을 듣기도 전부터 기분이 언짢아진다. 어떤 기분인지 모르겠다면 지금 당장 팔짱을 껴보시라. 어떤 기분이 드는가? 그 기분이 그대로 상대방에게 전달된다.

대체 이 직원은 상사인 나에게 어떤 말을 하고 싶었던 것일까? 뭔가 기분이 불쾌하다고 알리고 싶었던 걸까? 강해 보이고 싶었던 걸까? 자기를 방어해야 할 필요성을 느꼈을까? 한번도 따로 물어본 적은 없지만, 만약 어떤 의도도 없었다면 커뮤니케이션의 중요성을 놓치고 있는 것이니 태도부터 다시 배웠어야 했다. 팔짱을 떡하니 끼고 있는 동작 하나로 자신을 부정적인 이미지로 만들어서 손해를 보게 되었으니 말이다.

예전에 팀장회의에 들어갔다가 맞은편에 앉은 팀장들의 태도에 놀란 적이 있었다. 상사가 앞에 있는데도 나란히 앉은 그들은 하나같이 팔짱을 끼고 등을 기댄 채 앞쪽의 화면을 바라보고 있었다. 상사 앞에서 거만하고 회의에 관심이 없는 듯한 태도를 취하는 그들이 너무나 예의 없어 보였는데, 더욱 놀란 것은 이런 태도를 보고도 누구 하나 그들의 모습에 대해 이야기해 주지 않는 것이었다. 그들의 습관으로 치부해 버린다 해도 그로 인해 업무적인 측면에서 손실이 발생할 수 있음을 아무도 생각하지 않는 듯했다.

미국에서 팔짱에 대한 연구를 진행했는데, 팔짱을 끼면 강연 내용을 기억하는 정도가 38%나 떨어졌다고 한다. 또한 강연 내용이나 연사에 대해 더 비판적인 태도를 보였다고 한다. 팔짱을 끼고 나란히 앉아 있던 회의실 반대편의 팀장들은 회의 내용에 집중하였을까? 이런 기본적인 매너조차 갖추지 못한 그들의 평소 행동들은 어땠을지 여러분의 상상에 맡기도록 하겠다. 이런 비언어적 커뮤니케이션을 구사하던 그들은 직원들과의 커뮤니케이션 부족과 상호간의 불화로 오래지 않아 일을 그만두게 되었다.

교육 점수는 태도가 말한다.

업체에서 교육을 진행한 후 마치는 순간에 의례적으로 실시하는 순서가 있는데, 그것은 바로 교육 소감과 평가를 쓰는 시간이다. 강의 내용은 도움이 되었는지, 강사의 설명은 이해하기 쉬웠는지, 강의 시간은 적당했는지, 또 교육을 들을 의지가 있는지 등을 묻는다. 교육 내용이 정말 좋은 경우에는 고민 없이 가장 높은 점수에 거침없이 표시를 하고, 그날의 교육소감을 한가득 적을 수 있다. 하지만 교육 만족도가 보통이거나 불만족스러울 때가 있다. 솔직한 점수를 쓰는 사람도 있지만, 그렇지 않은 사람들도 있을 수 있다*(주관적인 의견이다)*. 그러다 보니 만족도가 보통이거나 보통 이하인 교육일지라도 평가는 좋게 나오는 경우가 종종 있다. 내가 외부 교육을 받았을 때도 그랬고, 회사에서 외부강사의 교육을 진행한 때에도 그랬던 적이 있었다. 한번은 외부강사의 교육 내용이 기대에 못 미쳤고, 교육 내내 직원들의 표정과 태도는 관심 없는 듯 지루했는데, 교육 평가는 좋게 나왔다. 너무 궁금한 나는 친한 디자이너에게 솔직한 답을 부탁했다.

"별로였어요. 그런데 그렇게 쓰기는 미안해서 그냥 좋다고 썼어요."

이후 나는 교육 피드백을 점수로 받지 않기로 마음먹었다. 숫자로 매겨진 의미 없는 평가보다 교육 중에 수강생들의 표정과 듣는 태도, 필기를 얼마나 열심히 하는지, 그리고 이후에 추가로 교육을 신청하는지 여부가 바로 교육 평가라고 생각했다. 교육에 대한 평가는 교육 후의 점수가 아니라 교육 중에 이미 결정된다. 교육 내내 표정 없이 의자 깊숙히 몸을 파묻고, 필기 하나 하지 않는 교육생, 핸드폰만 열심히 바라보는 교육생이 교육 내용이 좋았다고 하면 누가 믿을까? 눈꺼풀이 내려오는 걸 참더니 이내 조용히 일어나 뒤로 걸어가 서서 강의를 듣는 교육생을 보면 고마운 마음에 더 열심히 하게 된다. 말은 하지 않아도 그 태도와 매너로 이미 그 교육생은 나에게 별 다섯 개를 준 것이다.

무엇보다, 어떻게

'하늘 아래 새것은 없다'라는 말이 있다. 창조는 신의 영역일 뿐 우리가 새롭게 만들었다는 것은 모방과 훌륭한 편집의 기술이고, 그 것을 어떻게 전하느냐의 문제이다. 강의도, 헤어 기술도 마찬가지이 다. 강사의 경우라면 교육 내용 자체는 좋았더라도 강의 중 강사의 태도에 따라 교육평가가 달라지게 된다.

하버드대의 날리니 앰바디 교수는 호감도와 능력에 대한 조사를 했다. 학생들에게 모르는 교수의 강의 모습을 무음으로 10초 동안 보여준다. 강의를 전혀 듣지 않은 학생들의 평가는 실제 강의를 들은 학생들과 크게 다르지 않았는데, 이유는 교수가 교육 중에 하는 행 동들에 있었다. 손을 만지작거리는 것, 손으로 물건을 만지작거리는

것, 눈살을 찌푸리는 것, 몸을 앞으로 기울이는 것, 자꾸 바닥을 바라
보는 것 등에서 부정적인 평가를 받은 반면, 고개를 끄덕이는 것, 활
짝 웃는 것, 미소 짓는 것 등이 긍정적이며, 확신에 차 있고, 열정적
이라는 느낌을 주었다는 것이다. 누군가와 직접 만나 이야기하지 않
아도, 바디 랭귀지만으로도 평가된다는 사실을 안다면 시간이 될 때
마다 거울을 보면서 연습하게 될 것이다.

헤어살롱에서도 대기실이나 시술 과정 중에 인턴이나 디자이너
가 고객을 대하는 표정과 태도에 따라 재방문 여부와 시술 결과의
만족도까지 바꿀 수 있다. 고객은 매 순간 필요한 것이 생길 수 있
고, 요구하게 된다. 바쁜 상황에서 바로 대응을 못해 줄 경우라면 짧
은 눈맞춤만으로도 충분하다. 잠시만 기다려달라는 신호를 보내주
면 된다. 이런 것이 없을 때 고객은 마음이 상하면서 '신경을 안 써준
다', '내 말이 무시당했다'는 느낌과 함께 '이제 더 이상 오지 않겠다'
는 결심도 하게 된다. 스타일링을 마치면서 디자이너 스스로 만족하
면서 어떠냐고 묻거나, 계산대에서 '아름답다, 잘 나왔다'라고 말하
면 마지못해 고개를 끄덕여줄 수는 있다. 하지만 시술 중에 감정 없
이 답하는 말투와 화가 난 듯한 무표정 등을 본 고객은 다시 돌아오
지 않을 확률이 높다.

고객은 지켜보고 있다.

화장품 회사 교육팀장으로 일할 때 현장 직원들에게 고객 응대 흐름에서 신경쓰자고 한 부분이 있는데, 바로 '표정'이었다. 공간의 특성상 매장에서 근무하는 백화점 직원들은 밀폐된 공간에 들어가 있지 않는 한 개인의 행동과 표정이 누구에게나 노출되어 보여지게 된다.

고객을 기다리는 대기 상태에서는 표정 관리가 안 된 채로 서 있다가 멀리서 고객이 보이는 순간 입꼬리를 올려 웃을 준비를 하고 고객이 다가오면 아주 다정한 목소리로 맞이 인사를 한다. 그런데 아쉽게도 고객은 이미 멀리서 직원의 표정을 보고 있었고, 그 고객뿐만 아니라 지나가는 사람들도 그녀의 무표정 대기 상태를 보게 된다. 그렇다고 인형처럼 늘 웃고 있으라는 말은 아니니 오해는 하지 말기를 바란다. 다만 자주 자신의 모습이 어떤지 챙겨보고 살짝 미소를 짓기만 해도 된다는 것이다. 아무말 하지 않아도 지나가던 고객이 다시 돌아와서 편하게 상담을 할 수도 있고, 매출에 도움이 되는 생각지도 못한 일이 일어날 수도 있다.

오래전이긴 하지만, 중국 출장 시 백화점을 방문하게 되었다. 화장실이 어디냐고 직원에게 물었더니 그녀는 말 한마디 없이 제스처만으로 위치를 알려주는 대단한 능력을 발휘했다. 고개를 들어 화장실 방향으로 머리를 까닥였는데 그녀의 답은 그게 전부였다. 정말 대단하지 않은가? 대답을 해 주면서도 상대방의 기분을 나쁘게 만드는 특별한 재주가 있던 그녀의 이야기는 교육 때마다 좋은 콘텐츠로 남아 있다.

7%, 38%, 55%

말의 내용, 바디 랭귀지, 목소리 톤의 세 가지 중에 대화 시에 임팩트가 가장 큰 것은 무엇일까? 교육 때 이 질문을 하면 목소리 톤이나 바디 랭귀지라고 하는 소리가 먼저 들린다. 말의 내용이 전부가 아니라는 것은 이미 알고 있어 다행이다. 의사 소통 시 말의 내용은 불과 7%만 차지한다. 그럼에도 불구하고 현장에서 일하면서 매뉴얼에 충실한 '말'만 할 뿐 비언어적 커뮤니케이션에는 신경을 쓰지 않는다. 말이 중요하지 않다는 의미가 결코 아니다. 내용도 중요하지만 '상대방은 무엇을 들었느냐'보다 '어떻게 들었느냐'를 더 기억한다는 것이다.

예를 들어 클레임을 처리할 때는 '말'로 하는 사과나 설명은 오해를 불러일으킬 수 있고, 더 큰 클레임을 야기시킬 수도 있다. 해결되지 않는 문제가 생겨 고객센터에 전화를 하면 '불편하셨겠어요'를 말하는데, 매뉴얼적인 한결같은 톤의 멘트에 불편해짐이 더해질 때가 많다.

사무실에서 사용하는 비싼 프린터기를 임시 교체하러 온 업체 직원에게 '고생한다', '감사하다'면서 어디가 고장인지가 궁금하여 물었더니 "나는 원래 여기 올 사람이 아니다. 그래서 난 모른다. 그냥 오늘 갑자기 배송만 왔다."며 건조하고 귀찮다는 듯 잘라서 대답하는데, 머쓱해진 나는 기분이 상해버렸다. 하지만 그가 내 기분을 알 리가 없다. 그냥 배송을 왔을 뿐일 수도 있다. 같은 말이지만 다른 표현으로, 다른 투로 말을 했다면 어땠을까? 다시 교체하러 오는 직원이 그 사람이라는 것을 알고는 다른 직원이 왔으면 좋겠다고 요청했다. 비싼 제품을 이용하면서 직원의 그런 표정과 태도를 다시는 만나기 싫어서였다.

표정도 ctrl+V

어느 해인가 태풍으로 인한 수재민 보도를 하는 기상캐스터를 보면서 난 내 눈을 의심했다. 화면은 침수로 속상해서 어쩔 줄 몰라 하는 사람들로 가득한데, 보도를 하는 기상캐스터의 표정은 입꼬리가 올라간 채 미소를 머금고 있었다. TV에서는 늘 표정 관리를 하며 보도해야 하므로 그것이 맞을 수 있지만, 상황과는 전혀 맞지 않는 표정의 그녀를 보면서 황당함에 화가 났던 기억이 있다.

우리 뇌에 있는 거울 신경세포는 다른 사람의 표정을 흉내내거나 타인의 마음을 마치 내 자신이 직접 경험하는 듯 느끼는 공감을 가능하게 해 주는 뇌세포이다. 상대방의 말에 공감하면 아무 말 하지 않고도 표정과 동작을 같이 해 주는 것만으로도 상대방에게는 친근감과 편안함을 주게 된다. 말도 못하는 갓난아기들이 어른들의 표정을 따라하는 것을 가만히 보고 있자면 나도 모르게 위로를 받으며, 어떤 말보다도 강력한 감동을 느낄 때가 있다. 어른이 되면서 누군가의 표정을 따라 호흡해 주는 좋은 자산을 점점 잃어버리게 된다. 상대방과의 소통에서 표정까지 따라한다면 상대는 어느새 더 많은 이야기를 하게 될 것이다.

다정한 3V

사람은 현란한 말솜씨보다 다정함에 끌린다고 했던 심리학자 멜라비언의 법칙을 활용하자. 내가 하는 말에 다정한 날개를 달아 줄 필살기, 우리에게는 3V가 필요하다.

1. Verbal _ 내용, 말은 7%를 차지한다.
2. Voice _ 말투, 톤, 말하는 속도, 목소리 크기 등 청각적 요소로 38%를 차지한다.
3. Visual _용모, 태도, 헤어스타일, 복장 등 시각적 요소로 55%를 차지한다.

나는 배웠다.

사람들은 당신이 한 말, 당신이 한 행동은 잊지만

당신이 그들에게 어떻게 느끼게 했는가는

결코 잊지 않는다는 것을.

미국의 시인 마야 안젤루의 글에서처럼 스토리가 아닌 느낌을 전하는 대화가 중요하다. 글보다 표정, 글보다 태도, 글보다 목소리 톤이다.

재료가 신선하고 좋은 것이어도 양념과 손맛이 함께 더해져야 맛있는 음식이 되듯, 내용이라는 재료에 톤과 말투, 목소리의 크기, 속도와 표정, 태도, 몸짓 등이 더해지면 더 맛있는 대화가 만들어진다.

원장님 이름이 '원장님'인가요

"여러분은 우리 살롱을 방문하는 고정 고객의 이름을 기억하나요?"

"......"

"…네."

"네!"

"그럼 고객의 이름을 불러주나요?"

"…네에."

"아니요."

기술 빼고 나에게 남은 경쟁력 _ 이름을 불러주세요.

정기적으로 헤어살롱을 방문해 주고, 몇 시간씩 대화를 나누는 고객의 이름을 외우지 못한다고 한다. 고객의 이름을 알긴 해도 불러주지 않는다고 한다. 또는 이름을 아는 고객만 이름을 불러주기도 한다.

고객의 입장에서 보면 누구 이름은 불러주고, 내 이름은 기억하지 못한다면 유쾌할 일이 아니다. 물론 이름을 알고, 열심히 불러주는 디자이너를 종종 만나기도 한다. 이름을 아는 데도 불러주지 않는 이유를 물으면 "그냥이요.", "고객이 싫어할 것 같아서요."란다. 헤어 살롱에서 얼굴 기억하고 인사하고 머리 잘해 주면 되지, 이름을 불러주고 안 불러 주는 것이 뭐 그리 대단한 일이냐고 할지도 모르겠다.

영업 담당에게 교육 일정이 잡힌 살롱의 원장님과 통화를 위해 전화번호를 부탁했다. 〈○○살롱 원장님〉으로 보내 주길래 원장님 이름을 알려달라고 하니 모른다고 한다. 내 귀를 의심했다. 관계 영업이 너무 중요한 영업 담당이 원장님의 이름을 모른다는 것은 있을 수 없는 일이기 때문이다. 이런 경우 원장님 역시 영업 담당의 이름을 모르는 경우가 100%이다. 관심이 없으니 궁금하지 않고 중요한 사람이 아니라는 뜻이다. 언제 끊어져도 상관없는 비즈니스 관계일 뿐이다.

1999년 국내 최고가 화장품 〈끌레드뽀 보떼〉의 런칭을 앞두고 교육을 할 때였다. 1990년대부터 런칭하기 시작한 다른 브랜드는 많은 고객을 보유한 상태지만, 1999년에 새로운 브랜드로 뒤늦게 런칭하면서 교육 중 내가 제일 신경썼던 것은 고객 응대의 차별화였다. 우리만 할 수 있는 서비스를 제공하려고 노력했다. 일본 본사의 교육 매뉴얼은 워낙 탄탄하게 잘 만들어져 있었다. 그래도 일부는 우리 실정에 맞게 응대 흐름을 재구성하였다. 20여 년이 지난 지금에도 그때의 응대 흐름은 어느 업종에서나 사용하기에 전혀 손색이 없다. 손색이 없을 정도가 아니라 그때 너무 앞서 있었기에 지금 서비스업에서의 응대에서 필요한 부분이라고 자신 있게 말할 수 있다.

맞이 인사말, 상담 시간 체크, 상담 직원 소개, 고민에 따른 응대, 명함 주기 등 다른 곳에서는 하지 않던 서비스를 제공했는데, 그중에 고객의 이름을 불러주기가 있었다. 20대의 직원들은 40대 이상된 고객들의 이름을 부르면 그들이 불편해 하지 않을까 하는 걱정이었다. 워낙 보수적인 한국 사회, 백화점 화장품 매장에서 직원이 고객의 이름을 부른다는 것이 가능할까를 두고 우리는 고민을 했었다. 지금은 서비스업을 하는 곳에서는 고객이나 환자의 이름을 불러주는 것이 익숙해져 있어서 괜찮지만, 명품관에서도 안 하던 서비스라 해야 할지 말지를 결정해야 했다.

알면서 안 하는 것과 준비가 안 된 상태로 못하는 것과는 차이가 있다. 그러니 우리는 우선 연습으로 익숙하게 해 놓은 다음, 고객이 싫어하면 그때 가서 안 하면 된다고 직원들에게 말하고 꾸준히 연습을 했다. 1달 반 동안 하루 7시간씩 지식·기술·서비스에 관련된 교육을 했다. 그 결과 오픈 날 직원들의 응대는 마치 이전에 있던 매장인 듯 자연스러웠고, 고객카드를 작성하면서 알게 된 고객의 이름도 불러주었다. 고객의 반응만 기다리면 됐다. 직원들은 당당해 보였지만 마음속으로는 걱정하며 응대를 했는데, 고객 누구 한 사람도 자신의 이름을 불러주는 데 대한 불만은 없었다. 오히려 어디서도 고객님, 사모님, 사장님이라고만 불렸지, 들어보지 못한 본인의 이름을 불러주며 기억해 주니 충성심이 생기게 되었다.

고객 또한 직원들의 이름표를 보면서 ○○매니저, ○○씨라고 불러주기 시작했다. 그렇게 직원과 고객이라는 관계에서 조금씩 친해지고, 신뢰하는 관계로 이어지면서 매출은 당연히 계속 상승 곡선을 그렸다.

제 이름은 '저기요, 여기요'가 아닙니다.

헤어살롱에서 고객에게 시술을 한 다음 잠시 방치하는 시간에, 고객이 필요한 것이 있거나 불편한 점이 있으면 직원을 찾게 된다. 그럴 때 고객이 직원을 부르는 호칭은 '저기요', '여기요'가 대부분이다. 기분이 묘하다. 서비스업에서 흔히 불리는 호칭이다. 이름도 있고, 버젓이 이름표도 달고 있지만, 아주 친하거나 예의가 있는 고객을 제외하고는 대부분 비슷하게 부른다. 만약 직원이 먼저 고객의 이름을 불러주었다면 어땠을까? 고객도 직원의 이름이 궁금해질 수 있지 않을까 생각을 해 본다.

업무에서 기술을 제외한 경쟁력으로 고객의 이름을 불러주는 서비스를 하자고 하면 간혹 의심어린 눈초리로 그게 가능할까 라는 표정을 짓기도 하고, "고객이 싫어하지 않을까요?"라고 묻는데, 이름을 불러주는 것은 나를 기억해 준다는 건데 싫어하는 사람은 없다. 하지만 고객이 불편해 하는 기색이 있으면 안 하면 된다.

오래전 교육받았던 교육생으로부터 '강사님'으로 시작되는 문자나 카톡을 받는다. 이름, 전화번호, 직급, 살롱명을 저장해 두었기에 바로 "안녕하세요? ○○○선생님"이라고 답을 보내면 이름을 아냐며 놀라는 글이 온다. 적어두었다고 말하면 감동이고 영광이라고 한다. 이름 하나 불러준 것뿐인데 상대방에게는 놀람이고 기쁨이다.

하희선 강사님이요.

대전의 한 헤어살롱에서 첫 교육을 하던 날, 내 강의를 전에 들어본 적 있는 직원이 있는지를 물어보았다. 없을 거라 생각했는데, 한 명이 손을 든다. 그러더니 "하희선 강사님이요."라며 내 이름을 불러준다. '아, 감동이다. 누군가 내 이름을 기억해 주고 불러 주는 게 이런 느낌이구나'하고 순간 감동했다. 다시 그녀를 찬찬히 보니 그제야 기억이 난다. 이전에 교육받을 때는 인턴이었는데, 이젠 어엿하게 디자이너가 되어 있었다.

〈알쓸신잡〉이라는 프로에서 김영하 소설가는 그 당시 본인의 관심사로 '꽃 이름을 불러주는 재미'를 말했고, 특히 지방에서 촬영할 때마다 들에 핀 풀꽃의 이름을 핸드폰 앱이 알려주면 꽃이름을 불러준다면서 행복해 했다. 그러면서 '작가는 사물의 이름을 아는 자'라는 박완서 님의 이야기로 사물의 이름을 아는 것이 작가로서 얼마나 필요한 일인지를 강조했다.

"사물에 대해서 관심과 사랑을 갖게 되는 건 이름을 알기 때문이다. 이름을 아는 순간 사물은 다 달라 보인다."는 말에 사물이 그렇다면 상대방의 이름을 아는 것, 그리고 불러주는 것이 얼마나 중요하고 특별한 일인지 다시금 생각하게 되었다.

연예인의 매니저가 나오는 프로그램에서 한 매니저의 엄마에게 연예인이 편지를 써주는 장면이 나왔는데, 편지를 받은 엄마는 엄지척에 '감동이다'를 연발하며 소녀처럼 행복해 했다. 이유는 연예인이 편지를 써줬다는 사실보다 ○○엄마가 아닌 자신의 이름 세 글자로 쓰인, 본인이 주인공으로 된 편지 내용 때문이었다. 결혼을 하고 아이가 생기면 워킹우먼이 아닌 이상, 대부분의 여자들은 본인의 이름이 아닌 누구의 엄마로 살아간다. 그리고 어느 순간 내 이름은 낯설어진다. 희미해지는 존재감에 우울하다. 옆집 아줌마, 몇 호 아줌마로 불리다가 내 이름을 들으면 잃었던 나를 찾은 듯한 감동이 생길 수밖에 없다.

이름을 불러주는 것은 존재 자체를 인정하고 존중해 주는 행위라고 이야기했을 때, 근무지에서 예명을 쓰던 한 교육생이 갑자기 눈물을 훔쳤다. 놀라서 이유를 물으니 본명을 들어본 게 언제인지를 생각해 보니 너무 오래전이었다고, '내 이름이 있었지'라는 마음에 울컥했다고 했다. 지금도 그녀의 SNS에 댓글을 달 때는 그녀의 본명을 불러주며 응원해 준다.

은연중의 행동에는 심리적인 것이 반영된다. 맘에 드는 사람을 부를 때나 칭찬을 할 때는 "○○님, 너무 멋져요."라고 하면서 내가 싫은 사람이 뭔가를 해내고, 어쩔 수 없이 칭찬을 해야 할 때는 "고생했어요." 또는 "잘했어요."로만 끝낸다. 다른 점을 발견했는가? 좋아하는 사람, 관심 있는 사람에게는 이름·직급 등을 넣어서 말하지만 불편하고 싫은 사람에겐 마지못해 인사치례만 하게 된다. 잘했다는 칭찬을 받아도 호칭이 없었던 칭찬은 기쁘거나 진심같다는 생각이 들지 않았던 이유가 있었던 것이다.

성과로 이어지는 커뮤니케이션의 비밀

매달 본사 교육장에서 자사 제품을 사용하는 헤어살롱 직원들 대상으로 교육을 진행한다. 기술을 제외한 태도와 마인드 등 서비스 관련 교육을 하는데, 매달 교육을 오픈하면 감사하게도 금세 마감이 된다. 교육 신청을 한 분들에게는 자동으로 문자가 발송되고, 교육 전에 리마인드 알림이 가는데, 나의 교육을 신청하는 분들은 더 특별한 문자를 받는다. 일괄적으로 보내지는 문자가 있음에도 불구하고 나의 개인 핸드폰 번호의 문자 안내이다. 문자를 보내고 난 후, 나는 신청자 이름과 핸드폰 번호를 저장해둔다.

이렇게 손이 많이 가는 일을 하는 나를 주위 사람들은 의아해한다. 첫째는 '왜 그렇게 일을 만들어서 하는 걸까?'이고, 둘째는 '왜 개인정보인 핸드폰 번호로 안내를 하는 걸까?'이다. 왜 그렇게 하냐고 묻는다면 '당연한 일이 아니냐?'고 되묻고 싶다. 그리고 "별다른 이유는 없다."고 말한다. 당연한 일에 이유가 있을 수 없다.

교육 신청은 했지만 뭔가 더 궁금한 게 생겼을 때 연락이 되지 않아 답답했다는 이야기를 들은 적이 있다. '참 불편했겠다'라는 생각과 함께 서비스를 배우고 싶다는 사람들에게 연락 단계에서부터 불친절을 경험하도록 하고 싶지 않았다. 적어도 내 교육을 신청한 사람이라면 언제든 연락할 수 있게 하려고 개인번호로 문자 발송을 시작하게 되었다. 그리고 궁금한 점을 물어온 경우, 그 교육생의 번호가 내게 저장되어 있지 않다면 "실례지만 어느 헤어살롱의 누구인가요?"를 물어야 하는 번거로움을 해소할 수 있고, 궁금한 점이 있어 물어오는 상대방의 이름과 직급을 불러주며 답을 해 주는 감동을 주기로 했다.

그렇게 하니 교육을 시작하기 전에 이미 교육생과 나는 보이지 않게 이어졌고, 처음 만나 교육을 하는데도 우린 이미 이름을 서로 알고 있는 사이가 되어 있었다. 그리고 어느 날 "강사님~ 궁금한 게 있는데요.", "강사님, 생각 나서요~.", "제가 오픈을 하게 되어 제품을 사용하고 싶은데, 연락처가 강사님밖에 없어서요."라는 연락을 주니 나 편하자고 한 것이 나를 기억해 주는 일에, 회사에 도움되는 일에까지 연결된다.

교육 신청이 마감되면 루틴처럼 수강생들의 핸드폰 번호를 저장하고 개인 핸드폰으로 1차 문자를 발송한다. 이때 일정에 관한 정보들을 주면서 마지막 문구에는 출석 여부를 알려달라고 쓴다. 신청은 했지만 상황상 불참하는 경우가 종종 있어 다른 대기자들에게 기회를 주기 위해서이다. 신청한 인원에게 문자를 보내놓고는 누가 가장 먼저 답을 줄까 기대하며 기다려 보는데, 첫 번째 문자가 감사하게 도착한다. "감사합니다. 출석합니다." 또는 "이번엔 참석 못하지만, 다음에 꼭 뵙겠습니다."

하지만 이렇게 답을 주는 수강생은 다수 중 한두 명에 불과하다. 그리고는 당일 아무 연락도 없이 참석하지 않는 수강생이 있다. 본인이 수강 신청을 했고 출석 여부를 물을 때 간단하게라도 답을 해주는 것이 그리 어려운 일일까 내심 서운한 감정이 생기기도 하고, 답을 주는 분들은 어떤 분일까 혼자 상상하며 그에 대한 궁금증도 생긴다. 그리고 교육 날에 더 반가운 만남이 이루어진다.

헤어제품 회사 근무 초기에 멤버십 살롱들을 대상으로 세미나를 기획하고 진행한 적이 있었다. 프랜차이즈 대표들, 잘 나가는 원장들, 매출이 좋은 디자이너들을 대상으로 행사 안내 문자를 발송하면서 참석 여부를 알려달라는 말도 덧붙였다. 얼마나 답이 올까하는 순간에 답이 왔다. 지금은 친한 관계이지만, 당시에는 알지 못했던 나의 문자에 답을 해 주었던 분들은 바쁘게 시간을 쪼개며 사업을 하고, 수많은 고객에게 헤어시술을 하는 분들이었다. 그들은 이미 문자 등을 통한 커뮤니케이션 관리에서도 남달랐다. 누군가를 내 팬으로 만드는 방법을 알고 있는 분들이다.

출근하면 제일 먼저 메일을 확인하는데, 한 업체의 메일을 읽고는 굳이 답을 쓸 필요가 없을 것 같아 답을 쓰지 않고 다른 일을 하고 있었다. 그런데 그 업체에서 전화가 왔고 메일에 대한 답이 없어서 일을 진행해야 하는지에 대해 의견을 구했다. 아차! 싶었다. '알겠습니다' 이 한마디만 썼다면 상대방의 업무가 진행되었을 것을, 내 답을 기다리고 있었나보다. 당연히 진행되는 걸로 알고 답을 안 했던 건데 상대방에게 나는 답을 빨리 안 주는 사람, 앞으로도 이럴 수 있는 사람, 일하기에 불편한 사람으로 비쳤을 생각을 하니 부끄러웠다. 그날 이후 메일이나 문자의 답글을 쓰는 것에 전보다 신경을 더 쓰게 되었다.

비즈니스 세계에서는 메일의 회신 속도가 그 사람을 말해 준다는 말이 있다. 교육 시에는 헤어살롱의 특성을 고려해 메일보다는 카톡의 회신속도로 알려준다. 인사를 했을 때 반응을 보여주는 것으로 상대방에 대한 존중을 표하는 것처럼, 만나지 않고 보이지 않는 상황에서 커뮤니케이션에 신속히 답하는 것은 상대방에 대한 배려이자 관심이고 기본 예의다.

당신은 내가 아는 사람 중에 가장 멋진 사람

말을 예쁘게 하는 사람들은 어떻게 말하며, 어떤 특별함이 있을까?

1. 긍정적인 단어를 사용한다.

2. 웃으면서 말을 한다.

3. 표정이 밝다.

3. 무슨 말이든 다 하고 싶다.

4. 리액션을 잘해 준다.

5. 말을 잘 들어 준다.

6. 단답형이 아니라 부연설명을 해 준다.

7. 부탁을 하면 도와줄 것 같다 .

8. 내가 힘들어하는 일을 응원해 준다.

9. 직설적 화법은 쓰지 않는다.

10. 솔직하게 말하되, 예의가 있다.

당연한 듯하지만, 주위에서 이런 특징을 모두 갖춘 사람을 꼽아 보라면 찾기 쉽지 않다. 현실에서는 말을 예쁘게 하는 것까지 바라지도 않는다. 눈을 맞추고 고개를 들고 듣는 척이라고 해주면 감사한 일일 때가 적지 않다. 같은 말을 해도 툭툭 내뱉거나, 상대의 말을 끊고 자기 말만 하는 사람들과는 대화하고 싶지 않다고들 한다. 그렇다면 당신은 과연 얼마나 친절한 사람인가?

예상치 못한 고객의 불만에 어떻게 대응해야 할지 몰라 당황스럽다는 직원들의 질문이 많다. 공감하는 대화에서 배웠던 것처럼 상대의 말을 반복해 주고 고객의 말에 동조해 가며 분위기를 바꿔보려 하다가 오히려 더 어색해졌다는 것이다.

이럴 때는 '리프레이밍(reframing)'을 이용해 보자. 같은 그림이라도 어떤 액자틀에 넣는가에 따라 그림의 이미지가 달라진다. 같은 옷이지만 누가 입는가에 따라 다른 느낌인 것과 같다. 말을 예쁘게 하는 사람들은 리프레이밍을 잘한다. 리프레이밍이란 사고방식이나 느끼는 방식의 틀을 바꾸는 방법이다. 단점을 장점화하는 것이다.

딸이 5살 때의 일이다. 퇴근을 한 나에게 편치 않은 표정으로 말을 한다.

"엄마, 나는 싫증을 금방 내는 성격인가봐요"

무슨 말인가 했더니, 얼마 전 사준 장난감이 이젠 재미가 없어져서 다른 장난감이 갖고 싶었던 모양이었다. 또 사달라고 하면 혼날 것도 같아서 돌려 말한 것이다.

"그게 싫어졌어? 그럴 수도 있지. ○○이는 싫증을 금방 내는 성격이라고 했는데, 엄마가 보기에는 새로운 것에 대한 호기심이 많은 아이인 것 같은데?

"아, 맞아요, 새로운 게 궁금해요."

이게 바로 리프레이밍이다.

"벌써 싫증을 내면 어떡해!" "산 지 얼마 됐다고 벌써 새것을 사달라고 해!"라고 했다면 아이의 자존감에 상처를 내고 말았을 것이다. 상황을 긍정적으로 해석할 수 있는 틀을 만들어주면서 아이도 자칫 단점이라 생각할 수 있었던 성격을 장점으로 바라보는 시각을 갖게 된 것이다.

교육 시간에 본인의 장단점을 써보라고 한 다음, 나의 단점에 대해 다른 교육생의 시각으로 장점화하는 시도를 해본다. 단점을 장점으로 바꾼 내용을 편지 형식으로 정리해서 본인에게 읽어주는 시간을 갖는다. 편지의 맨 마지막은 '당신은 내가 아는 사람 중에 가장 멋진 사람입니다'로 마무리하는데, 본인의 약한 부분이었던 이야기를 다른 사람이 긍정적으로 재해석해 주고 편지로 읽어주면 표정이 정말 밝아진다. 단점으로 고민하는 상대방에게 당신은 장점 가득한 사람이라고 하면서 그의 단점을 장점화하는 해석을 들려줘 보라. 감동할 것이다.

말주변이 부족한 사람이 아니라 더 신중히 말하는 사람일 뿐입니다. 출발이 늦은 사람이 아니라 준비를 더 충분히 할 사람일 뿐입니다. 누가 당신에게 부족한 점이 많다고 말하던가요? 부족한 점이 많다는 것은 그만큼 좋아질 점도 많다는 것입니다.

-광고 중에서

RETAILING

Chapter **3**
리테일 상위 **1%**의 기술

물건을 파는 것이 아니라 나를 파는 것

점판이 뭐예요?

고객으로만 살롱에 다녔을 뿐, 나는 헤어살롱 경력이 전혀 없는 사람이다. 그런 내가 세계적 코스메틱 기업 로레알의 케라스타즈에서 에듀케이션 매니저로 일하게 된 건 내 경력을 위해서도 절호의 기회였다. 새로운 환경에서 나의 17년 경력을 어떻게 녹여낼지 나 자신도 부딪혀 보지 않고는 알 수 없었다.

입사 후 처음으로 CS(Customer Service)교육에서 다루었던 주제는 '점판(retail)'이었다.

'점판?'

"점판이 뭐예요?"

지금도 일을 막 시작한 인턴들에게는 생소한 단어이다. 헤어살롱 내에서 제품을 구비해 두고 판매하는 것이라 간단히 이해하자. 살롱에서 헤어 관련 제품이 많이 팔려야 헤어 제품 회사의 매출도 오른다. 제품을 팔아보지 않은 디자이너에게 판매는 익숙하지 않다. 그래서 디자이너가 고객에게 제품을 잘 팔 수 있도록 교육을 하는 것이라고 했다.

헤어살롱에서 제품을 판매한다는 것조차 몰랐던 나였다. 덜컥 걱정이 앞섰다. 내 입에서 '어떡하지!'하는 한탄이 자연스럽게 흘러나왔다. 디자이너도 점판에 대해서는 나처럼 두려운 마음이 있겠구나 싶었다. 부담이 컸지만 못한다고 말할 상황은 아니었다. 난 경력자로 들어왔으니까. 오랜 기간 백화점에서 직원들을 대상으로 제품 교육을 했고, 판매가 이루어지도록 교육을 했던 사람이 나다. 못할 일은 아니라고 나를 다독였다. '현장'은 어디나 같다. 나는 차분히 고민하기 시작했다.

신제품이 나오면 같은 내용, 같은 교재로 전 직원에게 같은 교육을 하는데, 결과는 저마다 다르다. 왜일까? 매출이 높은 직원을 한 사람씩 떠올리며 그들만의 교집합을 찾아보려 했다.

그들을 만났던 날, 그 현장, 그 시간으로 되돌아가 보았다. 그들에게는 분명 다른 뭔가가 있었다. 보통 매장에서 고객에게 제품을 판매할 때 제품을 일렬로 잘 진열해 놓고, 열심히 설명과 데모를 진행하는 직원이 있다.

매출이 높은 직원들은 단순 설명에 무게를 두지 않고, '관계' 설정에 최선을 다한다. 제품의 기능이나 우수성에 대한 어필보다 고객의 고민을 발견하고, 그 지점을 깊이 공감해 가면서 적극적으로 이 문제를 해결하려는 자세를 보인다.

그러기 위해서는 가식 없이 웃는 모습, 상냥한 말투, 상대방을 배려하는 마음, 여유로운 태도는 기본이다. 이런 직원이 있는 매장은 분위기부터 다르다. 서로 챙기고 매니저가 아니어도 각자가 팀에 도움이 되어야 한다는 리더십을 가지고 있다.

파는 능력이 탁월한 직원들을 생각해 보니 점판은 단순히 제품을 파는 것이 아니었다. 고객의 문제를 들어주는 일이었고, 그들에게 방법을 제안하는 일이었다. 팔기가 선행되면, 고객은 거절의 이유를 생각한다. 하지만 듣기가 앞서면, 고객은 문제를 해결해 주길 바란다. 점판을 어떻게 해석하고 개념을 만드는 가가 중요한 문제였다.

《팔지 마라 사게 하라》(장문정)는 책 제목처럼 파는 행위가 아닌 고객이 사는 행위에 더 잘 살 수 있도록 도와주

는 일을 하는 것에, 스스로 사게 하는 것에 초점을 맞추는 점판 교육을 하기로 했다.

그런데 교육생들은 내가 화장품 분야에서 교육을 해왔다고 하니, 시작하기도 전에 못미더운 시선으로 나를 판단하려 들었다. 충분히 그럴 수 있다. 나는 그들의 편견을 깨야 했다. 그래야 그들이 나의 교육을 들을 것이기 때문이다.

나는 강단에 서서 물었다.

"사람들이 백화점에 가는 이유가 무엇이라고 생각하세요?"

물건을 사러 가는 사람도 있겠지만, 목적 없이 단순히 기분 전환하러 가거나, 누군가를 만나거나, 식사를 하는 등의 목적이 더 많다.

사려고 하는 사람에게만 판다는 것은 어리석은 일이다. 실제 사려고 마음먹고 백화점에 오는 사람은 많지 않기 때문이다. 살 생각이 없던 사람이 사게끔 하는 게 백화점 세일즈의 핵심이다.

백화점 직원의 고객 응대의 최종 단계는 '판매'다. 고객의 팔을 붙들고 강매하는 직원은 없다. 고객은 구매를 결정하는 것이 온전히 자신의 선택이라 생각한다. 그리고 본인의 구매에 직원의 의견이 영향을 미쳤다는 점을 부정하고 싶어한다(있었다 해도 없는 것이다).

잘 파는 직원은 팔지 않고 제안하기 때문에 고객이 떠밀려 산다는 부담을 갖지 않게 하면서 스스로 결정해서 탁월한 선택을 했다는 일종의 우월감을 갖게 만든다. 그렇게 해서 팔에 걸리는 쇼핑백이 하나 둘 늘어가는 것이다. 모든 결정은 고객이 했으므로 자신은 현명하고 똑똑한 소비자라고 믿는다. 물건을 산 것 이상으로 존중받는 이런 부분에서 쇼핑의 기쁨을 느끼는 것이다.

　백화점 직원을 교육했듯, 이제는 디자이너에게 교육을 해야 한다. 더 어렵다. 왜냐하면 디자이너는 판매 직원이 아니기 때문이다. 디자이너이면서 판매를 해야 하니 부담이 있다. 이들에게 어떻게 쉽게 부담 없이 판매할 수 있는가를 알려주는 게 내 몫이었다.

　디자이너와 판매 직원은 직업 정체성이 다르다. 이를 이해시키고 하이브리드하게 일을 할 수 있도록 만들기 위해서는 시간이 걸린다. 교육을 받았다 해서 하루 아침에 달라지는 게 아니다. 간혹 교육했는데 왜 변화가 없느냐고 불만을 제기하는 오너가 있다. 답답한 노릇이다. 사람은 쉽게 바뀌지 않는다. 무엇이든 내 것이 되게 하려면 연습을 수없이 반복해야 한다. 더구나 사람의 마음을 얻어서 지갑을 열게 해야 하는 일은 하루 아침에 성사되지 않는다.

판매를 좌우하는 결정타

점판을 해야 한다면 점판이 무엇인지를 제대로 알아야 한다. 이때 교육생 자신이 점판에 대해 가지고 있는 생각을 알아보는 것이 중요하다.

"점판하면 떠오르는 생각을 말해 보세요."

판매

부가 수입

고객과의 신뢰

내가 할 일이 아니다.

하기 싫은 일이다.

어렵다.

배운 적이 없다.

뭐라고 말을 해야 할지 모르겠다.

제품 지식, 점판, 시술, 대화, 서비스는 헤어살롱 내에서 한 고객에게 제공되는 연결 활동이다. 이걸 개별적으로 생각하면 어렵다. 고객 응대의 흐름에서 어느 하나를 못한다고 놓칠 수도 없고, 싫다고 하지 않을 수도 없는 것이 헤어디자이너의 일이다. 이 챕터에서 다루는 점판은 평소 타인과의 대화에 어려움이 있다면 두렵게 다가올 수도 있다.

머리를 하다가 제품을 내밀면서 "이 달의 특별 프로모션입니다." "이게 고객님에게는 꼭 필요한 제품입니다." "지금 이걸 사용하지 않으면 고민하는 부분이 더욱 나빠질 거예요."라고 말할 때, 알려줘서 고맙다며 덜컥 구매하는 고객은 세상에 존재하지 않는다. 점판을 잘하는 사람은 노하우가 있다. 반면 못하는 사람에게도 분명한 이유가 있다. 잘하거나 못하는 데 이유가 있다면, 그 이유를 해결하면 못하는 사람도 잘할 수 있게 된다. 그것이 합리적인 추론이다.

판매를 좌우하는 결정타는 디자이너의 '마인드'다. 판매도 내몫이라 생각하는 사람과, 디자이너인 '내가 왜 해야 해?'라고 생각하는 사람이 결과적으로 판매에 차이를 보이는 것은 너무나 당연하다. 생각이 행동의 차이를 만든다.

판매에 능숙한 디자이너를 오랜 기간 지켜본 결과, 잘 파는 디자이너는 개인 시술 매출도 높았다. 이것은 매우 중요하다. 고객과

깊은 신뢰가 만들어지면 고객은 판매가 아니라 제안으로 받아들인다. 고객 충성도라는 말은 고객이 나를 인간 대 인간으로 바라보고 있다는 뜻이다. 친구를 만나듯 매장을 찾게 된다. 친구와 만나면 반갑다. 수다를 떨고 한동안 떨어져 지낸 동안 일어난 일들을 자연스럽게 나눈다. 얘기를 나누다 보면 드러나지 않던 고객의 불만과 불편 사항을 자연스럽게 발견하게 된다. 바로 이 점을 해결할 방법을 알고 있다면 그것을 제안하면 된다. 그러면 고객은 저항감 없이 받아들인다.

이것은 비단 디자이너가 아니더라도 의사, 퍼스널 트레이너, 에스테디션, 네일 아티스트 등 어떤 직업의 전문가들에게도 해당한다. 《고객의 80%는 비싸도 구매한다》의 저자 무라마츠 다츠오는 제품의 가격을 떠나 구매 가치가 있다고 느끼는 고객은 구매를 할 것이며, 구매 의욕을 자극하는 3가지 비법 중 하나로 제품을 제공하는 직원의 마인드와 태도를 꼽았다. 팔지 말고 대화하라는 것이다. 그렇게 해서 고객이 자신의 문제를 먼저 털어놓을 때 해결책을 가진 우리는 그저 제안만 하면 된다. 이것을 딱딱한 말로 '고객 니즈를 만족시킨다'고 한다.

나만의 필살기는 무엇

한 헤어살롱에서 근무하는 분들의 경력은 천차만별이다. 입사 2 주부터 몇 십 년을 일한 사람들까지 모여 있다. 오랜 기간 헤어 시장에는 어떤 변화들이 있었을까?

급여, 근무시간, 전에 없던 서비스, 기술의 발전, 기기의 첨단화, 지능화된 고객 등 과거와 비교해 모든 것이 변했다. 변화는 미용업계에만 국한될 리 없다. 우리 고객들이 이용하는 다른 업종의 변화도 눈여겨 살펴보면서 내가 응대해야 할 고객은 어떤 존재인지를 이해하는 것이 중요하다.

한 지인이 특정 음식점을 자주 방문하는데, 그곳을 고집하는 이유가 '식전 빵이 맛있어서'라고 한다. 본질을 지켜가는 것뿐만 아니라 다양한 산업 분야에서 소위 부캐라 하는 부가 서비스에 대한 노력도 아끼지 않고 있다. 그렇다면 헤어살롱의 변화에는 무엇이 있으며, 현재 어떤 부가 서비스로 고객 만족을 위해 노력하는지 생각해 보자.

헤어살롱의 크기와 인테리어는 점점 고급스러워지고, 브랜드의 제품 질도 좋아지고, 첨단 시술 기기가 등장하는 등 겉으로 보기에는 많은 변화가 있어 보인다. SNS의 발달로 고객들의 모발, 두피, 제품에 대한 정보 수준은 디자이너 이상일 때도 많다. 유투브를 통해 기술 교육이 이루어지고 있으며, 이미 전문인들보다 더 좋은 제품이나 기기를 사용하는 고객도 많다. 헤어살롱에서 그 이상의 제품을 사용하거나 그 이상의 전문지식을 가지고 있지 않다면 전문적이라고 말하기가 쑥스러운 상황이다. 고객의 신뢰를 받기에 부족할 수 있다.

이런 변화에 맞춰 '살롱과 디자이너의 서비스 퀄리티나 일의 자부심은 높아지고 있는가?'라고 질문했을 때 다수의 사람들은 안타깝지만 외부의 변화만큼은 아니라고 입을 모은다. 모든 산업·업종은 하루가 다르게 변화하고 있다. 헤어살롱의 경영자나 디자이너 역시 헤어 시장뿐 아니라 세상의 변화에도 관심을 가지고 공부해야 할 때이다.

서울역, 공항, 지하철역의 공통점이 무엇인가? 이동 수단이다. 몇 해 전 거래처 분들을 모시고 일본 연수를 가게 되었다. 일정을 고려하고 시간 절약을 위해 김포↔하네다 행 티켓이 나와서 상대방에게 알려주자 시큰둥한 반응을 보이더니 인천에서 떠나면 안 되냐고 되묻는다. 쇼핑과 SNS상에 올릴 사진을 찍는 것도 연수의 일부인 그들에게 어딘가 아쉬운 부분이 있었던 것이다. 예전에는 떠나는 시간에 맞춰 이동수단의 장소에 도착하고, 내리면 빠르게 그곳을 벗어났는데, 지금은 승객들이 마음 편히 기다리며 그 시간을 즐기는 서비스 공간, 쇼핑 공간, 놀이 공간이 되었다.

카페의 변화도 한번 보자. 당신은 왜 카페를 가는가? 카페에 와 있는 타인들을 보면 그들이 카페를 어떤 목적으로 왔는지를 짐작할 수 있다. 카페의 전신인 다방은 사람을 만나서 이야기를 나누고 차를 마시는 곳이었지만, 지금의 카페는 굳이 누구를 만나려고만 가는 장소가 아니다. 혼자서 가는 사람들도 많으며, 공부·취미활동·혼자만의 시간 필요 등 자신을 위한 공간으로 인식되어 있다. 음료보다 휴식, 스터디, 문화 공간으로 변화하고 있음을 알 수 있다.

레스토랑도 그저 음식을 먹는 곳이 아니라 예쁜 사진을 찍을 수 있는 포토 존이 있고, 이색적인 즐거움을 선사해 추억거리를 만들 수 있는 곳이 핫 플레이스로 자리매김하게 된다.

다시 헤어살롱을 살펴보자. 고객이 헤어살롱에 오는 이유는 무엇이라고 생각하는가? 우선은 아름다워지고 싶은 욕구가 있을 것이며, 나이가 들어가면서 바뀌는 외모에 대한 불만을 커버하거나 개선하고 싶은 방법도 찾고자 할 것이다. 뿐만 아니라 최근에는 집에서도 헤어살롱에서 막 나온 듯한 아름다운 손질이 가능하면 좋겠다는 욕구가 점차 확산되는 추세다. 디자이너는 고객의 이런 욕구들을 구체적으로 파악할 수 있어야 한다. 고객과 대화를 나누는 중에 고민이 무엇이며, 어떻게 도와줄 수 있는지를 같이 고민하고 조언할 수 있을 때 1회성 경험 고객이 단골 고객이 된다. 매장에 단골 고객이 늘어야 안정적인 수익 구조를 창출할 수 있다. 신규 고객 유치보다 단골 고객이 더 중요한 이유는 이 때문이다. 순환하는 유동성은 신규 고객이 아니라 단골 고객이 만든다.

2020년 11월 중앙일보는 KB금융지주 경영연구소가 발표한 〈미용실 현황 및 시장여건 분석〉 보고서의 내용을 전했다. 2020년 9월 기준 전국의 미용실은 약 11만179개인데, 이것은 최근 10년 동안 28%가 늘어난 숫자라고 한다. 우리나라 인구 1만 명당 미용실 수는 미국보다 10배 이상 더 많다고도 했다.

미용실이 이 정도면 미용업에 종사하는 직원, 즉 디자이너의 숫자는 얼마나 많을까를 짐작하고도 남는다. 그 많은 살롱과 디자이너들 사이에서 고객들이 우리 살롱을 찾아오고, 살롱 내의 여러 디자이너 중에서 나를 찾게 하려면 기술 서비스 외에 나만이 줄 수 있는 플러스 혜택이 있어야 한다. 지금 이 글을 읽고 있는 당신이 헤어디자이너라면 당신만의 플러스 혜택은 무엇인가? 물질적인 것이 아니어도 상관없다. 물질적인 것보다 더 중요하고 고객들이 진정 원하는 것일 수도 있다.

예전의 미용실 경영은 원장님의 기술 위주의 경영이었다면, 이제는 기술과 더불어 고객 만족이 우선시된다. 때로는 고객 만족을 넘어서 고객 경험과 품격있는 서비스가 요구되는 시대가 되었다. 원장님의 기술로 고객들이 모이던 시절에는 말 그대로 기술이 우선이었고, 원장님이 우선이었다. 이제는 고객이 달라졌다. 기업은 자사 제품을 이용하는 고객들이 제품에 만족하고 계속 사용할 것으로 생각하지만, 고객의 입장은 다르다. 언제든 저렴하고 가성비 좋은 제품이 나타나면 그곳으로 움직인다. 기업과 고객의 동상이몽이다. 기업과 고객은 서로의 이익을 위해 다른 생각을 한다.

내가 정의하는 고객은 '언제든 떠날 준비를 하는 사람'이다. 영원히 내 고객은 없다는 것을 기억하자. 11만 개를 넘은 헤어살롱. 그 이상 숫자의 헤어디자이너 속에서 내 고객을 내 팬으로, 내 편으로 만드는 나만의 필살기를 준비했는가?

나의 경쟁사는 어디에

당신에게 현금 백만 원이 생긴다면 무엇을 하고 싶은가? 쇼핑, 외식, 시술, 여행 등 평소 하고 싶었던 것들이다. 교육 중 이 질문에 헤어디자이너 한두 명만이 '그동안 받고 싶었던 교육', '다른 디자이너의 커트를 받아보며 경험하고 싶다', '커트 가위를 사고 싶다'는 등의 대답을 하지만 대부분은 비슷한 이야기를 한다.

여행사에서 여행을 꼭 가라고 연락이 오는 것도 아니고, 의류 매장에서 옷을 구입하지 않으면 신고한다고 하는 것도 아닌데, 우리는 여행·쇼핑을 하고, 시술을 받는 것에 더 행복해하고 의미를 부여한다. 다 좋은데, 개인적으로 아쉬운 점은 여윳돈이 생겨도 헤어살롱에서의 헤드스파나 두피케어가 대답으로 나오지 않는다는 것이다. 해석하자면, 헤어에 대한 약간의 고민은 있지만, 다른 것에 우선할 만큼 중요하게 생각지 않는 것이다. 헤어살롱에 가는 것에 큰 의미를 두지 않는다는 것이다. 이 점은 미용업계에 종사하는 모든 이들이 생각해 볼 일이다.

우연한 기회에 타사 두피케어 시장조사차 경쟁사 콘셉트 살롱을 방문한 적이 있었다. 상담을 하고 케어를 받게 되었는데, 프로페셔널한 마사지 손길에 10분도 안 되어 그만 잠이 들고 말았다. 타사 서비스의 느낌과 순서를 알아보고 자사 프로그램을 만들 때 도움이 되려고 간 건데 낭패였다. 걱정스런 마음과는 달리 한 시간의 케어 시간이 끝났음을 알려주는 순간, 마치 3시간 이상의 휴식을 취한 듯 날아갈 듯 온몸이 가벼워짐을 느끼니, 걱정은 사라지면서 여윳돈이 생기면 헤드스파를 받아야겠다는 다짐을 했었다. 하지만 이 다짐은 오래가지 못했다.

며칠 후 운동을 하러 갔던 헬스장의 PT코치 때문이었다. 러닝머신을 걷던 나에게 코치가 다가오더니 무료 PT를 해 주겠노라며 한번 받아볼 것을 권유했다. 유산소 운동도 좋지만, 근육을 만들어야 기초 대사량이 높아지고, 건강한 몸을 만들어야 업무도 잘 볼 수 있다고 설명을 해 주었는데, 그의 태도가 무척 친절했다. 난 홀린 듯 평소의 나답지 않게 그러겠노라며 무료 PT를 받고 있었다. 교육에 평소 체력을 많이 쓰다 보니 건강에 신경이 쓰이던 차였는데, 그날 PT를 받아보면서 나는 이미 '이거다'라는 결론까지 내리고 있었다. 심지어 나에게 여윳돈 백만 원이 생긴 것도 아니었는데 말이다. 그

날 나는 PT를 등록했고, 돈이 생기면 횟수를 늘릴 계획까지 세웠다. 며칠 전까지만 해도 헤드스파를 받으려 했는데, 어느새 그 생각은 헬스장으로 이동해 있었다.

작게 생각하면 헤어살롱의 경쟁 상대는 옆 헤어살롱이란 생각이 들지만, 이제 같은 업종에서의 경쟁만을 생각해서는 시장을 이길 수가 없다. 내 경우 헤드스파의 경쟁사가 헬스장 PT였던 것처럼, 이제 우리의 경쟁 상대는 너무나 다양해졌다. 이 부분이 헤어살롱이 해야 할 고민의 지점이다. 우리의 경쟁 상대는 누구이며, 어떻게 하면 경쟁 상대로 가는 고객의 발걸음을 되돌릴 수 있는가?

백화점만 보더라도 전과 같지 않다. 더는 제품만 팔지 않는다. 굳이 백화점에 가서 제품을 구매하지 않아도 백화점마다 제공하는 브랜드의 라이브 방송을 통해 제품을 구매할 수도 있다. 새로 생기는 백화점들은 사람들이 쉴 수 있고 머무를 수 있는 공간을 더 많이 만들면서, 제품이 아닌 시간을 파는 곳으로 변화하고 있다. 세계적인 온라인 동영상 서비스 업체인 넷플릭스의 CEO 리드 헤이스팅스는 자사의 경쟁 상대를 '사람의 수면시간'이라고 했다. 과거 '나이키의 경쟁 상대는 닌텐도'라는 유명한 경영 혁신의 예와 같은 맥락이다. 임영록 신세계 프라퍼티 대표의 '스타필드 경쟁 상대는 온라인 마켓'이라는 기사도 있었다. 초경쟁 시대의 상대는 상상 초월이다.

미용은 서비스업이다. 기본으로 하는 기술이라는 도구에 다른 것을 더해 고객을 내 팬으로, 내 편으로 만들어야 하는 직업이다. 그런데 가끔 기술만이 전부인 듯 중시하는 헤어디자이너를 만날 때는 안타까운 생각이 든다. 헤어디자이너가 가진 기술이라는 도구를 어떻게, 어떤 방법으로 쓰느냐, 그리고 무엇을 더해서 쓰느냐에 따라 결과는 달라진다. 기술을 배우는 데는 아낌없이 지불하며 더 새로운 것이 없나 찾아다닌다. 가장 본질적이고, 기본이니 당연한 일이다. 기술은 멋있고 아름다운 구슬이다. 옛말에 '구슬이 서 말이어도 꿰어야 보배'라고 했다. 아무리 좋은 것이 많아도 그것을 쓸모있게 다듬고 정리해야 가치가 있다는 뜻이다. 구슬은 너무도 많이 있는데, 그것을 돋보이는 보배로 만들려면 먼저 내가 하는 일의 가치와 일하는 의미를 생각해 보는 시간이 필요하다.

기술+α

화장품 회사에서 근무할 당시 내 명함에는 training manager 라는 영어 타이틀이 적혀 있었다. 'training manager'라는 직책이 어떤 일을 하는지 잘 아는 사람은 많지 않다. 'training manager' 는 교육뿐만 아니라 교육을 진행하기까지의 과정을 기획하고, 현장 의 불만 사항을 파악하고, 브랜드 이미지를 위한 현장 직원들의 그 루밍(grooming)에 필요한 것들을 점검한다. 다른 부서 팀장과의 협업 으로 브랜드 매출에도 기여해야 한다. 마케팅 따로, 교육 따로, 영업 따로 일하는 게 아니라, 부서들이 협업을 위해 소통을 한다. 교육은 기본이고, 부수적인 일들이 더 많은 게 사실이다. 대부분 조직에서 는 한 사람이 한 가지 일만 하기를 원하지 않는다. 자신의 업무뿐 아 니라 협업에서도 훌륭하기를 기대한다.

간혹 교육하는 강사들이 좋아 보여서 교육하고 싶다는 마음에 들어왔다가 교육 이외의 일들이 너무 많아 그만두거나, 교육 강사가 왜 이런 일까지 하냐며 볼멘소리를 하는 직원들도 있었다. 교육 강사는 교육만 하는 사람이 아니다. 면접 때부터 교육 강사의 일을 자세하게 알려주고 할 수 있는지, 하겠는지를 물어본 다음 결정하는 것이 중요하다.

헤어디자이너는 어떤 일을 하는 사람일까? 앞서 언급한 것처럼 일반인들은 헤어디자이너라 하면 머리를 해 주는 직업을 가진 사람이라고 하지만, 과연 디자이너의 일은 그것만이 전부일까? 기술적인 부분만 하면 된다고 누가 그랬던가? 그렇게 알고 시작했다가 얼마 못가서 그만두는 사람이 한둘이 아니다. 이 글을 읽고 있는 인턴이나 디자이너 분들은 이참에 '나의 일'을 정리해 보는 것도 좋겠다.

교육 중에 "누군가가 헤어디자이너가 되고자 한다면 여러분은 어떤 직업이라고 설명하시겠어요?"라고 질문했다.

- 트렌드를 배우고 제안
- 고객 맞춤 제안
- 이미지 변화 & 유지시켜 주는 사람
- 고객과의 상담 스킬 공부
- 두피나 모발 상태에 대해서 전문성을 가지고 현재 필요한 케

어에 대해서 제안해 주는 전문가 되기

● 커뮤니케이션을 통해 고객의 니즈 파악

● 고객이 샵에서 나갈 때 기분이 좋아져 나갈 수 있게 하기

● 고객의 이야기를 들어주고 호응해 주기(경청, 공감)

● 홈케어 스타일링 제안해 주기

● 고객 관리

● 매출

● 매장 전체 직원들의 분위기 및 시스템 관리

● 자존감과 삶의 질을 높여 주기

● 계절에 따라 나를 먼저 가꾸기(자기 관리)

● 후배 양성 및 피드백해 주기

헤어디자이너는 헤어만 아름답게 만들어 주는 직업이 아니다. 본인들이 작성한 내용에서 보듯이 기술적인 부분을 제외하고도 할 일이 너무 많다. 고객과의 커뮤니케이션도 해야 하고, 고객의 홈케어까지 신경써야 한다. 자신을 돌보는 일은 물론이고, 후배의 성장에도 도움을 줘야 하는 직업이 헤어디자이너이다. 기술직이 아닌 인재양성까지 해야 하는 직업이다.

교육에서 만난 20세의 인턴의 말에 많은 생각을 하게 되었다.

고객 때문에 매장 생활이 힘들다고 해서 고객이 어떻게 힘들게 했냐고 물으니 '말을 너무 많이 시킨다'고 했다. 말문이 막혔다. 너무나 당연한 고객의 행동에 그녀는 힘들다고 했다. 아무도 그녀에게 미용인의, 디자이너의 업무*(기술 + 기술 외 모든 것)*에 대한 이야기를 해 주지 않았다는 것을 알게 되었다.

고객과의 심리전을 펼쳐야 하는 일이고, 기술 외 세상의 흐름도 읽을 줄 알아야 하고, 다양한 분야에 관심을 가지고 공부해야 한다. 아무것도 모르고 그저 좋아서 시작한 미용, 기술 하나로만 승부를 걸 수 있는 사람이 몇이나 될까? 기술 하나로 승부를 걸 정도의 실력이 출중한 디자이너가 아니라면, 지금부터의 이야기에 귀를 기울이기 바란다.

헤어디자이너로의 성공은 고객과의 관계가 전부라고 해도 지나친 말이 아니다. 아름다워지고 싶어서 방문한 헤어살롱에서 나의 헤어 고민을 해결해 주고, 내 마음을 다 이야기해도 좋을 디자이너를 만난다는 것은 일생에 꼭 만나고 싶지만, 만나기 어려운 사람 중의 한 명을 얻는 일이다. 당신의 고객이 당신을 꾸준히 찾아주면서 감사하고 있다면 스스로 얼마나 멋진 사람인지 꼭 알기 바란다.

헤어디자이너의 업무에 관한 내용을 쓴 여러 사람의 의견을 종합하면 헤어디자이너의 역할은 크게 두 가지로 나눌 수 있다. 하나는 고객을 아름답게 만들어주는 일이며, 다른 하나는 아름다움을 추구하는 고객을 헤어살롱 방문 당일뿐 아니라 집에서도 아름다움을 유지할 수 있도록 도와주면서 고객이 머무르는 장소에서도, 다른 곳에서도 기분 좋게 만들어 주는 일이다. 고객이 내가 만들어 준 헤어스타일로, 나를 만난 것으로 인해 행복해 한다면 하는 일에 큰 보람을 느끼며 내가 가치 있는 존재로 느껴져서 오히려 더 감사하다고 했다. 나는 만나는 디자이너나 원장님에게 '좋아하는 일을 하면서 돈까지 버는 헤어디자이너라는 직업은 최고'라며 진심어린 칭찬을 해준다.

헤어디자이너는 고객을 아름답고 행복하게 만들어 주는 미용 전반에 대한 상담가이며 전문가이다. 화장품 회사에 오래 다니다 헤어제품 회사로 이직을 한 나에게 지인들은 궁금한 게 많았다. 헤어 기술이 전혀 없는 내가 무슨 일을 하는지 의아해 하면서 물어볼 때 "염색하러 미용실…"까지만 말했을 뿐인데, 지인들은 더 듣지도 않고 염색약을 할인가로 구입할 수 있는지 물어본다. 그때 나의 대답은 아주 간단명료하다.

"헤어살롱에서만 사용할 수 있는 제품이야."
"교육을 받은 전문가들만 사용하는 제품이야."

헤어살롱에서 교육을 받은 전문가들만 사용하는 제품이라는 답을 하면서 마음 한구석에서 또 하나의 질문이 생긴다. 프로페셔널 제품을 사용하는 디자이너들은 진정 전문가인가? 끊임없는 공부와 연습을 해서 미용 전반에 걸쳐 상담을 해 줄 수 있는 전문가인가? 혹시 헤어 기술 하나에만 전념하고 있다면 기억하라. 헤어디자이너는 고객을 아름답고, 행복하게 만들어 주는 미용 전반에 대한 상담이 가능한 전문가라는 것을.

당연하지만 아무도 하지 않는 일

유럽, 일본, 한국의 디자이너들에게는 다른 점이 있다. 고객 헤어스타일을 아름답게 연출한다는 본질적인 일은 같지만, '점판'을 놓고 보면 유럽과 일본의 디자이너들이 한국 디자이너에 비해 판매에서 강점을 보인다는 점에서는 차이가 있다.

그들의 점판율이 높은 이유는 디자이너의 '마인드' 때문이다. 그들에게 있어서 고객과의 대화는 무엇보다 중요한 일이다. 유럽과 일본 디자이너들은 점판 또한 고객 서비스의 하나라고 명확하게 인식하고 있다. 실제 우리나라 고객들의 헤어살롱 방문 목적이 머리를 하기 위해서인 반면, 외국의 경우에는 제품 구입을 목적으로 헤어살롱을 방문하기도 한다.

점판을 잘하려면 무엇을 알아야 할까?

화장품 회사는 매월 신제품들이 출시된다. 따라서 화장품 회사에서 제품 교육을 할 때는 고객이 이미 사용중인 제품과의 연결판매 교육도 해야 한다. 그런데 제품마다 기능이 비슷하니 비슷한 특정 제품을 꼭 써야 할 이유를 설명하며 직원들을 교육하기가 쉽지 않다. 제품 매뉴얼에만 의존하는 설득에는 한계가 있을 수밖에 없었다.

나의 신제품 교육을 듣고 '그게 그거지, 뭐 별다를 게 있겠어?'라는 반응이 나온다면 교육은 실패다. 현장 직원부터 제품에 매력을 느껴야 한다. 그렇지 않으면 고객에게 추천하기 어렵다.

성분이 어쩌고 하는 어려운 설명이나, 함유성분의 수치 따위는 판매에 크게 도움이 되지 않는다. 나는 신제품 교육을 하기 전에 반드시 제품을 써본다. 발림성, 유지 정도, 흡착력 등을 직접 피부로 느껴서 알게 된 구체적인 경험을 토대로 강의를 구성한다. 본사 자료에는 경험이 없다. 설득의 언어에는 반드시 경험이 포함되어야 한다. 직원들에게도 판매 전에 미리 사용해 보도록 제품을 지원해 주었다. 본인들이 써보고 알아야 자기 언어로 자신 있게 설명할 수 있다.

신제품을 설명할 때는 더욱 경험의 디테일에 신경을 쓴다. 어미 새가 물어다 준 먹이를 새끼가 먹듯, 교육에서 내가 구사했던 단어나 설명이 그대로 고객에게 전달되는 것을 목격한 이후로는 사용 후의 느낌 및 결과에 대해 고객이 원하는 바를 임팩트 있게 전할 수 있는 문구를 만들어 직원들과 공유했다.

몇 년 전 대전 아카데미에서 리테일에 대한 교육을 할 때였다. 그날의 수강생들은 대부분 디자이너였는데, 단 한 명만이 인턴이었다. 월 매출에서 점판 매출이 차지하는 비중에 대한 이야기를 하면서 고객에게 판매 제안을 했을 때 실제 판매로 이어지는 비율을 물었다. 다들 머뭇거릴 때 인턴이 손을 들었다. "10명에게 설명하면 10명이 다 구입합니다." 디자이너들은 믿을 수 없다는 표정을 지었고, 나조차 궁금했다. 교육을 마치고 잠시 이야기를 나눌 기회가 있어, 점판의 비결을 물어봤다.

"디자이너 선생님들을 이해할 수가 없어요."

"왜요?"

"전 살롱에서 사용하는 제품들을 다 써봐요. 다 써보고 좋은 걸 추천해요. 그럼 고객들은 거의 구입해요. 그런데 선생님들은 제품을 사용해 보지 않아요. 안 써보니 말할 수 없고, 판매가 안 되는 거 아닌가요?"

누가 알려주지도 않았지만 점판의 노하우 중 하나를 인턴은 이미 알고 있었다. 사실 당연하지만, 아무도 잘 하지 않는 일이었다. 그걸 알고 실천한다는 것이 정말 놀랍고 기특했다.

내가 생각하는 점판의 노하우는 크게 2가지다. 첫째 경험이고, 둘째는 고객과의 관계이다. 관계는 시간이 걸릴 수 있고, 나 혼자만의 노력으로는 쉽게 되지 않을 수도 있다. 하지만 전문가로서 제품을 사용해보아야 어떤 느낌인지를 알고 설명할 수 있다는 사실을 그 인턴은 이미 알고 있었던 것이다.

나를 궁금하게 했던 지은 인턴은 후에 디자이너가 되어 다시 만난 날, 몇 년이 지났음에도 나의 이름을 기억해 나를 놀라게 하는 또 하나의 특별함을 보여주었다.

점판에는 변명이 필요 없다

헤어살롱을 대상으로 점판에 대해 제대로 교육해 보고 싶어졌다. 가장 문제인 점판에 대한 부정적인 인식부터 바꿔야 했다. 그러기 위해서는 인식의 전환을 끌어낼 구체적인 방법이 필요했다. 교육장을 찾는 모든 디자이너와 원장을 대상으로 점판에 대한 설문부터 시작했다. 설문을 통해 매장 매출에서 점판이 차지하는 비중을 수치로 확인시키고, 점판 매출과 디자이너 각자의 헤어 서비스 매출의 상관관계를 눈으로 확인시켜주고 싶었기 때문이다. 점판을 잘함으로써 나를 찾는 고객도 늘어날 수 있다는 사실도 알려주고 싶었다.

점판이 안 되는 이유를 찾다 보니 톨스토이의 《안나 카레니나》의 첫 문장이 떠올랐다. '행복한 가정은 모두 비슷한 이유로 행복하지만, 불행한 가정은 저마다의 이유로 불행하다'. 점판을 잘하는 사람들은 모두 비슷한 공통점이 있는 데 반해, 점판이 안 되는 사람들의 이유는 다양했다.

1위 제품에 대한 고객의 무관심

2위 제품 지식 부족

3위 소통 부족으로 권하기 어려운 분위기

4위 살롱 내의 다양한 제품 라인 미구비

5위 점판의 필요성에 대한 인식 부족

이 외에도 '제품을 써보지 않아서 설명할 자신이 없다'거나, '점판을 해도 내게 떨어지는 이익이 적어서' 등의 이유를 들었다.

설문에서 첫 번째로 드러난 문제는 '제품에 대한 고객의 무관심'이었다. 그런데 안을 들여다 보니 무관심한 고객이 있는 것이 아니라, 고객이 관심을 가질 만한 상황이 조성되지 않은 것이었다. 제품에 대해 말해 주는 이가 없으니 당연한 것 아닌가. 아는 것이 없으니 관심을 가질 수 없다. 세상에 묻지 않는데 대답할 고객은 없다. 이건 너무나 당연한 얘기다. 그런데도 다수의 디자이너는 '고객이 싫어할 것이다.' '고객이 불편해할 것이다.'라며 혼자 짐작하고는 자진해서 제품 정보를 숨기고 만다.

두 번째 문제는 '설명을 해야 하는 제품에 대한 지식이 충분하지 않다'는 것인데, 인턴보다 디자이너의 제품 지식도가 낮았다. 놀랄 일이다. 인턴 때와 마음가짐이 달라졌을 수도 있고, 다른 이유는 디자이너는 기술로 승부를 본다는 자존심이 작용했을 수도 있다. 디자이너는 개인 사업자다. 디자이너의 미래는 본인의 매장을 경영하는 것이다. 경영은 기술만으로 되는 게 아니다. 시장 전체를 읽는 안목, 그중에서도 고객의 욕구를 이해하고, 그에 맞춰 발 빠르게 제안하는 기술로 특화되어야 한다. 샵에 들어서는 순간 일을 구분지어 생각하고 기술 개발에만 매달리면, 그 사람은 기술자는 되어도 경영자는 되기 힘들다. 기술자는 나의 시간을 투입해서 남의 일을 대신하는 것이고, 경영자는 남의 시간을 이용해서 나의 일을 하는 사람이다. 인턴이 디자이너가 되었듯이, 디자이너 자신들의 미래는 과연 무엇인지를 생각해 보아야 한다.

세 번째 문제는 '대화의 어려움'이었다. 매장을 찾는 고객과 대화하는 연습이 되어 있지 않다 보니 제품을 소개하거나 권하는 것이 어색하다는 것이다. 고객 맞이부터 배웅까지 고객이 살롱에 머무는 시간은 길다. 디자이너가 기술자라면 대화는 필요 없는 과정이다. 차 수리를 맡기고 기다릴 때 엔지니어가 다가와서 말을 걸지 않는 것처럼 말이다. 하지만 헤어디자이너는 다르다. 감성을 터치하는 일인 만큼 고객과의 관계 설정 및 대화의 시도는 무척이나 중요하다. 교육에서 커뮤니케이션을 그토록 강조하는 데는 그만한 이유가 있다.

점판을 잘하는 사람에게는 공통된 특징이 있다. 그것은 '고객과의 끊임없는 소통'이다. 그들은 자신이 말하지 않고 고객 스스로 말하게 하는 재주가 있다. 소통은 잘 들어주기만 해도 된다. 일상적인 이야기에서 시작해서 부담 없이 대화를 시도하고, 고객의 관심사를 파악해서 대화의 깊이를 더해가며 인간 대 인간으로서의 진실성을 어필하는 일관된 태도가 디자이너에 대한 고객 신뢰로 이어진다.

경험하지 못하면 자라지 못한다.

헤어살롱에 근무하는 분들에게 지금 그 머리를 어디에서 했냐고 물으면 거의 대다수가 자신의 살롱에서 했다고 한다. 분위기와 기술을 경험하기 위해서 다른 살롱을 다녀본다는 디자이너는 손가락으로 꼽을 정도다. 기술에도 실시간으로 바뀌는 트렌드가 있고, 서비스에도 잘 포장된 기획이 있기 마련이다. 고객이 붐비는 살롱에는 그만한 이유가 있다.

예전 화장품 교육팀장으로 일할 때는 취급하는 브랜드가 아니어도 타사에서 신제품이 나오면 현장을 찾아 고객 응대에서부터 제품을 써본 고객 반응까지 살펴보곤 하였다. 배우고자 한다면 경쟁사야말로 더할 나위 없는 교육 현장 아닌가.

화장품 회사 근무 기간 동안 나에게 화장품은 따로 사서 쓸 제품이 아니었다. 하루는 타사 로드샵에 들렀다가 나도 모르게 "그럼 이거 하나 주세요."라고 말하는 내가 있었다. 그저 이곳 직원들의 응대 태도를 보기 위한 목적으로 매장을 둘러 보다 립밤을 보면서 입술이 자주 건조해진다고 하자 직원이 내 입술과 볼 주위를 가만히 보는 게 아닌가. 그러면서 이렇게 이야기했다.

"입술이 건조하면 거칠어져요. 그러면 립스틱을 발라도 발색이 좋지 않고 원하는 색이 안 나오죠. 그런데 고객님. 볼 부위도 각질이 일어나지 않나요? 지금 보니까 조금씩 생기는데요. 전체적으로 보습이 필요한 상태라는 생각이 들어요."

그녀는 귀 기울여 듣고 있는 내 입술 위로 정성껏 립밤을 발라 주었다. 과연 우리 직원은 가격이 비싸지도 않은 립밤 하나 사러 온 고객에게 이렇게 정성스러울까? 게다가 일어날 수 있는 피부 문제에 대한 고민을 미리 조언해 주는 모습을 보면서 프로라는 생각이 들었다. 프로페셔널이야말로 고객에 대한 진정한 친절이란 생각이 들었다.

립밤은 많았고 굳이 필요한 물건이 아니었다. 그럼 내가 산 것은 무엇일까? 내가 산 것은 그녀의 프로페셔널한 응대 태도였다. 이것이야말로 우리 직원들에게 이식할 만한 높은 부가가치라 생각했다.

판매를 잘하는 사람들은 자기 일에 높은 가치를 매긴다. 누구라도 고객이 될 수 있다고 생각하며 결코 제안을 두려워하지 않는다. 실전을 연습처럼, 연습을 실전처럼 하며 끊임없이 노력한다. 친절하고 늘 웃는 얼굴로 상대를 대한다. 판매할 제품은 본인이 반드시 써보고 그 경험을 정리한다. 일을 즐기며, 판매와 서비스를 별개로 생각하지 않는다. 고객에게 빚진 마음이 들 정도로 정성을 다한다.

새해를 맞이할 때 소비재 업계에서 밝은 전망을 밝힌 적이 없다. 언제나 '내년'은 최악의 한 해라고 했다. 특히 2020년, 2021년은 예측불허의 해였다. 하지만 놀랍게도 이 시국에 최고 매출을 기록한 살롱과 디자이너가 있었다. 심지어 오픈 이래 최고 매출이라 하니 귀를 의심하지 않을 수 없다.

그 길로 매장을 방문했고, 이야기를 나눠보면 역시 답은 하나다. '고객', '관계', '사람'. 이 세 가지를 벗어나는 법이 없다. 어려운 시기일수록 지금까지 쌓아온 고객과의 관계들이 빛나는 시간이 되어준 것이다.

관계의 중요성을 모르는 사람은 없다. 하지만 좋은 관계를 위해 실천하는 사람은 많지 않다. 사실 우리는 상황에 따라 서로의 고객일 수 있다. 내가 고객일 때 바랐던 점들을 나열하면 이렇다.

1. 기억해 주세요.
2. 환영받고 싶어요.
3. 관심을 가져주세요
4. 중요한 사람으로 인식해 주세요.

5. 편했으면 좋겠어요.

6. 존중받고 싶어요.

7. 칭찬받고 싶어요.

8. 기대와 욕구를 알아서 해 주세요.

9. 내가 주도하고 싶어요.

10. 고품질의 기술과 서비스를 받고 싶어요.

어떤 서비스나 제품을 팔 건, 고객이 숨긴 욕구를 알아내는 것에서부터 대화의 물꼬가 트인다. 미용은 '기술'이 아니라, 고객의 정보를 '기억'하는 것에서부터 시작된다.

고객 심리에 눈을 떠라

내 돈 내고, 내 시간 내서 방문했는데, 불만족스럽다면 재방문할 의사가 있겠는가. 몇 걸음만 가면 헤어살롱이 넘치는데. 우리 고객 은 샵과 디자이너에 대해 어느 정도의 신뢰를 가지고 있을까? 스스 로 평가해 보면 과연 나에게 몇 점을 줄 수 있을까?

신뢰는 관계·기술·관리가 합쳐져 생기는 믿음이다. 이 가운데 하 나라도 만족스럽지 않다면 나를 찾는 일은 없을 것이다. 고객은 언 제든 떠날 준비를 하고 있다. 고객은 유목민이다. 만족할 만한 자리 가 고객이 머무는 곳이다. 세상에는 두 종류의 고객이 있다. 지금 내 고객과 언젠가는 내 고객이 될 잠재 고객이다. 내 고객과 다른 살롱 의 고객을 나누어서는 안 된다. 내 고객이 아닌 모든 대상은 잠재 고 객에 편입시키고, 고객 서비스를 끊임없이 개발해 나가야 한다.

방문 고객 중 100명이 제품을 구매했다 치자. 이들 중 시술을 마친 후 구매가 아닌 상담 존, 샴푸 존, 시술 존에서 미리 구매를 결정한 사람은 몇이나 될까? 이 물음에 점판 왕은 100명이라고 답한다.

시술을 받으며 머무르는 시간 중 계산은 마지막이지만, 고객의 구매는 상담을 받으면서, 샴푸를 하면서, 시술하면서 이미 결정된다는 것이다. 그런데도 대개 점판을 어려워하는 디자이너는 시술 전에 상담 과정을 생략하거나, 샴푸를 하는 동안에도 제안할 수 있는 타이밍을 놓친다. 시술 중에도 대화가 오가지만, 고객과 디자이너의 대화는 곧 헤어질 준비를 하는 연인처럼 어색하기만 하다.

헤어살롱에는 거울이 많다. 그러다 보니 나도 모르게 내 표정이 가감 없이 노출된다. 디자이너는 표정에도 신경을 써야 한다. 웃는 얼굴이 예쁘다. 예쁜 얼굴에 친절한 말이 담기면 그것만큼 좋은 것도 없다.

팬을 만드는 관리의 비밀은 디테일에 있다. 드라이하는 방법, 머리를 말리는 방법, 손질하는 방법에 대해 고객은 잘 모를 수 있다. 시술 마무리 시점에 잠깐의 시간을 내서 손질법을 설명해 주면 고객에게는 큰 도움이 된다. 손질법을 알려주면 고객은 자신이 직접 관리하는 데 자신감을 얻고, 디자이너를 더욱 신뢰하게 되어 제품 문의와 구입으로 자연스럽게 이어진다. 고객이 매장을 나서기 전까지 끝난 것이 아니다. 진심을 담은 디테일에 고객은 마음을 연다.

고객은 기억되고 싶다.

늘 다니는 헤어살롱이 쉬던 날, 마침 꼭 염색을 해야 할 상황이 생겼다. 할 수 없이 집 근처 헤어살롱을 방문하게 되었다. 염색 3회 권을 이용하면 가격 할인이 있다는 말에 3회권을 결제했다. 디자이너는 친절했고 대화도 잘 통했다. 컬러도 맘에 들어서 3회 차까지 다니며 염색을 했다. 그런데 네 번째 염색하려고 전화를 걸었더니 디자이너가 퇴사했다는 것이다. 헤어살롱에서는 흔한 일이지만, 고객 입장에서는 당황스럽다. 일단 전화를 끊었다. 다른 시술도 아니고 염색인데, 이미 세 번이나 방문했으니 컬러 레시피 기록이 남아있을 거라 생각하고 다시 전화를 걸어 보았지만 남아 있는 기록은 없었다. 그렇게 그들은 고객 한 명을 잃었다. 동시에 나와 이어진 수많은 잠재 고객을 한꺼번에 잃었다.

관심어린 조언은 판매가 아니다.

'고객은 조언을 원하지 않는다?' 아니다. 필요한 조언은 반드시 원한다. 조언은 도움을 주는 말이지 고객에게 강매하는 말이 아니다. 그런데 어째서 조언은 고객이나 디자이너에게나 불편한 것일까? 깜빡이 없이 차가 끼어들면 욕부터 나온다. 관계도 마찬가지다. 사전 교감 없이 들어오는 조언은 상대에게 강요로밖에 비쳐지지 않는다. 불쾌한 일이다. 평소에 일상적인 대화를 스스럼없이 나눌 수 있는 친밀한 관계가 형성되어야 고객은 조언을 관심으로 받아들인다.

디자이너가 조언을 해야 하는 이유에는 2가지가 있다.

첫째는 고객이 원하기 때문이다. "진짜라고?"하며 반문할 수도 있을 것이다. 고객은 제품을 구매한 후 자신의 구매에 대한 불안감이 있는데, 이를 '구매 후 부조화'라고 한다. 구매 후 부조화가 커지는 경우는 '구매 결정을 취소할 수 없을 때', '결정한 제품에 없는 장점이 타사 제품에 있을 때', '의사 결정을 혼자 했을 때' 등이다. 이 지점에서 고객은 전문가의 조언을 원한다. 디자이너는 고객의 결정이 옳았음을 충분히 인식시킬 필요가 있다. 결국 고객 스스로 옳은 결정을 했다는 안도감이 생길 때 만족도 큰 법이다.

디자이너가 조언을 해야 하는 두 번째 이유는 고객 헤어를 담당하므로 헤어의 변화를 가장 잘 아는 위치에 있기 때문이다. 28년째 내 머리를 해 주는 원장님이 있다. 인턴 때 만나 어느새 실력 있는 원장으로 성장해 온 희정 원장은 나의 모발 상태를 나보다 잘 알고 있다. 30대 때 내 모발 상태는 굵고 뻣뻣해서 커트를 해 놓으면 남자로 오해받기 딱 좋았다. 그래서 찰랑거리는 생머리의 꿈은 일찌감치 접고 항상 펌을 해서 부드럽게 연출했다. 그러다 헤어살롱 대상으로 교육을 시작하게 된 2012년, 희정 원장은 이제 커트로만 스타일을 만들어보자고 제안했다. 커트는 생각지도 못한 터라 망설였지만 오랜 기간 나를 봐온 원장의 제안이니 믿고 맡겼다. 결과는 대만족이었다. 이후 지금껏 펌을 하지 않고 커트만 하고 있다. 30대 때는 심한 직모였지만, 세월이 흐르면서 모발끝이 가늘어지고, 곱슬기가 생겨 가능했다는 것이다. 오랜 기간 내 머리를 만진 장인의 지혜다. 나 또한 희정 원장을 신뢰했기에 그녀의 제안을 선뜻 받아들일수 있었다.

불편한 진실 4가지

리테일의 불편한 진실 4가지

점판은 헤어디자이너를 전문가로 알릴 수 있는 중요한 기회임에도 불구하고, 여전히 불편한 부분이 있다. 그것은 리테일에 대한 불편한 진실이다. 불편하지만 해야 하는 일이고, 이왕 할 거면 내가 이해하고 즐겁게 하면 더 좋지 않을까?

불편한 진실 첫 번째는 '난 판매 사원이 아니라 헤어디자이너이다. 그래서 난 제품을 소개하지 않는다'라는 생각이다. 제품 판매 사원이 아니라 스타일리스트라는 것은 분명한 사실이다. 프랑스 요리를 하는 요리사를 떠올려보자. 그는 훌륭한 음식을 만들기 위해 노력한다. 자신이 내놓을 음식을 더 맛있게 즐길 수 있도록 와인을 추천하기도 한다. 아마 와인을 추천하는 요리사는 이렇게 말할 것이다.

"이 음식을 즐기기에는 약간 시큼하고 떫은 와인이 더 어울릴 겁니다. 어떠세요?"

팔지 않고, 제안한다는 것은 업종을 가리지 않는다. 요리사는 판매가 아니라 지금 고객에게 더 나은 선택을 하도록 전문가로서 제안하고 있다.

헤어살롱도 마찬가지다. 스타일리스트로서 고객이 아름다울 수 있는 전문가적 조언만 하면 된다. 편하게 생각하자. 선택은 고객의 몫이다.

불편한 진실 두 번째는 '제품에 대한 이야기를 언제 꺼내야할지 모르겠다'이다. 시간을 지체할수록 타이밍을 잃는다. 제품 이야기를 꺼낼 때 먼저 자신의 감정을 살펴보자. 이 제품을 소개하려는 마음에 이미 신이 나 있어야 한다. 일단 내가 너무 좋아야만 제안에도 진정성이 담긴다. 그 마음이 전해지지 않으면 고객들은 강요당하는 기분을 느낀다.

고객이 살롱을 방문하면 맞이 인사, 대기, 상담, 샴푸, 시술, 마무리, 스타일링의 순서로 서비스를 한다. 고객은 상담하면서부터 스타일링을 하는 동안 여러 제품을 제안받는다. 여기서 알아두어야 할 것은 상담, 샴푸, 시술, 마무리, 스타일링의 순서에서 뒤로 갈수록 제안할 제품 숫자가 줄어든다는 것이다. 스타일링 제품이 판매하기 쉽다고 말하는 디자이너들은 거의 스타일링 제품을 이용해 시술을 마무리하며 제품 이야기를 꺼냈기 때문이다. 시술 과정에 적합한 제품이 아닌 다른 제품이 끼어들면 대화가 부자연스러워지면서 고객이 불편해 한다.

그래서 제품 소개는 상담 중에 이뤄져야 한다. 상담 중에 보통 두피와 모질을 진단하는데, 바로 이때 그날 사용할 제품 정보를 알려주며 이야기를 꺼내는 것이 가장 자연스럽다. 아주 잠깐이라 할지라도 시술 초반에 제품을 언급할 기회를 놓치면 판매 가능성이 점점 줄어든다는 사실을 잊지 말아야 한다.

불편한 진실 세 번째는 '거절당하는 게 두려워 제품을 소개하지 않는다'이다. 이 고민에 빠진 스타일리스트들이 정말로 많다. 심지어 상담조차 하지 않으려는 분도 적지 않다. 제대로 알아야 할 것은 모든 고객이 거절을 준비하고 오지 않는다는 것이다. 거절은 고객의 권리다. 제안은 디자이너의 권리다. 이 선을 분명히 알아야 한다.

그러면 구매 제안을 덜 거절당할 방법에 대해 생각해 보자. 대개 스타일리스트가 고객들에게 던지는 질문은 패턴은 다음과 같다.

"헤어 고민 있으세요?"

잘 모르는 사람이 자기에게 다짜고짜 고민을 털어놓으라면 순순히 털어놓을 사람은 없다. 이렇게 물으면, 고민이 없다고 말한다. 고객이 고민 없으니 더 묻지 말라는 식으로 나오면 이후 준비한 제품 설명은 불가능해진다.

질문의 방향에 따라 고객의 입장도 달라진다. 예를 들어 이번에는 이렇게 질문해 보자. 염색을 하는 고객들에게 해 주는 조언이다.

"탈색을 좀더 하시면 헤어 컬러가 훨씬 더 잘 나올 거예요. XX 성분이 들어간 샴푸로 머리를 감으시면 좋아요." 특정한 제품의 소개가 아니라 일반적인 조언이어서 진정성이 느껴진다. 이런 이야기는 쉽게 꺼낼 수 있지 않은가? 그러면 고객의 다음 물음은 무엇일까?

"그런 제품은 뭐가 있는데요?"

이렇게 고객 스스로 질문하도록 유도하는 것이 이상적인 상담이다. 헤어디자이너가 해야 할 말을 고객이 자연스럽게 듣게 해 주는 또 다른 마법과 같은 문장도 있다. 상담을 마무리할 때 하는 말로, 이렇게만 말해 보자.

"헤어랑 두피 상태는 확인했으니까, 시술하면서 계속 조언해 드릴게요."

시술을 시작하면서 고객에게 이렇게 말을 하면 고객은 이후 스타일리스트가 해 주는 조언을 자연스럽게 받아들이게 된다. 시술 초반에 이 문장을 이용하고 이후 적절한 타이밍에 긍정적인 조언을 하도록 한다. 그러면 고객은 여러분의 조언을 좀더 쉽게 받아들이게 될 것이다.

제품 소개가 아니라 헤어 관리를 위한 일반적인 조언이므로 고객으로서는 거절할 이유가 없다.

상담을 마무리할 때 '나중에 조언해 드릴게요'라는 말이 차후에 자연스러운 조언을 제시할 수 있는 근거가 된다는 것을 기억하기 바란다. 여성들은 고민을 해결할 방법보다 더 아름다워질 방법을 듣는 걸 더 좋아한다. 특정 제품의 이름을 언급하는 대신 성분이나 관리 요령에 관해 조언하라.

"강사님이 교육하던 백화점 화장품 매장의 고객들은 제품을 구매하러 온 거잖아요"

교육을 하다 보면 말하지 않아도 그들의 표정에 마음의 소리가 보인다. 직접 대놓고 말하는 고마운 분들도 있다.

"매장까지 오셔서 설명을 다 듣고도 거절하는 분이 얼마나 많은데요."

"비싸요."

"이렇게 다 바를 시간이 부족해요."

"집에 비슷한 게 있어요."

"내가 이런 종류를 다 써봤는데 효과가 없어서 믿을 수가 없어요."

"생각 좀 하고 올게요."

거절의 말들이다. 그렇다고 '비싸다'는 고객에게 비싸지 않다고 말하고, '시간 없다'는 고객에게 지금 안 하면 나중엔 더 큰 문제가 생길지도 모른다며 강요한다면 고객과 더는 대화하지 않겠다는 것이다. 뻔한 거절을 내미는 고객에게는 적절한 질문을 통해 그가 고민하는 부분을 해소해 줘야 한다. 질문이 들어가기 전에 거절에 대해 충분히 공감해 주는 것에서부터 시작하는 것이 기본이다.

하나, "비싸요"

비싸다고 하는 말에는 '사고는 싶지만 생각보다 비싸다. 사야 할 이유가 좀 더 필요해. 내게 사야 할 이유를 조금 더 말해 주면 결정할 수 있을 듯하다.'라는 속마음이 숨어 있다. 이때는 고객에게 제품의 특징과 효과를 조금 더 구체적으로 언급하면 좋다.

"맞아요, 고객님, 제게도 비싸요. 하지만 고객님이 아까 말씀하신 ○○○ 고민을 해결해 줄 수 있는 제품이라서 말씀드려요. (고객이 궁금해하면 성분 하나 정도는 언급하고) 고객님보다 더 심했던 분도 이 제품이 제일 좋았다고 해 주셨어요. 고객님도 ○○○ 고민이 해결되면 더 자신감 있고, 기분이 좋아질 겁니다. 저도 고객님 고민이 해결되길 바래요."

둘, "바빠요. (그래서 사용할) 시간이 없어요"

일이 많아서 바쁘고 피곤하다는 고객, 퇴근도 늦고 잠자는 시간도 아까운데, 시간 내서 뭔가를 하는 건 부담스럽다는 고객에게 '그러다 지금의 문제가 더 심각해지니 피곤해도, 시간이 없어도 꼭! 하라'고 강요하면 고객은 상대방의 일방적으로 판매하려는 강한 의지만 느껴질 것이다. 이럴 때는 바쁘다는 고객의 상황을 공감부터 해주도록 한다. 그리고 매일이 아니어도 시간 될 때만이라도 해보는 것을 조언해준다.

"어머, 일이 너무 많아 그렇게 바빠서 힘드시겠어요, 건강 잘 챙기셔야 하구요, 일주일 내내 일하시는 거예요?

"아뇨, 주말에 쉬어요."

"다행이에요. 주말에는 충전의 시간으로 보낼 수 있어서요. 이 제품은 원래는 일주일에 2~3번 사용하는 거지만, 고객님 경우는 평일은 어렵죠. 그렇다고 아예 안하는 것보다 일주일에 1번이라도 사용하면 고민하는 부분이 더 나빠지는 것도 막아주고, 유지해줄 수 있어요. 쉬는 주말 중 하루 사용해 보세요."

셋, "집에 비슷한 게 있어요."또는 "(사용하고) 있어요."

설명이 끝나기도 전에 손사래를 치며 집에 있다고 하는 고객들이 있다. 이럴 때 간혹 어떤 직원은 고객이 지금 가지고 있는 것보다 이게 더 나은 제품이라며 고객이 사용 중인 것을 비하해서 말하는 경우가 있다. 이 말에 그렇다며 기분 좋아할 고객은 아무도 없다.

"아, 이미 사용하고 계시는 군요, 역시 관리를 하시는 분이셨어요! 고객님 사용 중인 제품이 어떤 건지 여쭤 봐도 될까요? 제품의 효과도 궁금하고요."

칭찬으로 시작하는 말에 고객은 자신이 사용하는 제품을 말하고 싶어질 것이다. 고객이 어떤 점 때문에 제품을 사용하는지 알게 될 것이며, 이를 기본으로 내가 추천하고 싶은 제품의 장점을 어필할 수 있는 기회를 얻게 될 것이다.

불편한 진실 네 번째는 '제품에 대해 충분지 알지 못하고, 어떻게 이야기해야 할지 모르겠다'이다. 생각보다 많이 고민되는 부분이다. 다수의 헤어디자이너들은 본인의 선호도에 따라 제품을 소개하게 된다. 하지만 사람마다 두피·모발은 지문처럼 다양하고 달라서 각자에게 맞는 것이 있게 마련이다. 따라서 네 번째의 불편한 진실은 더욱 난감함으로 다가온다. 사람마다 맞는 제품이 다르고 제품 종류도 다양하기 때문에 디자이너는 이에 관련된 정보를 공부하고 외우는 데 많은 시간을 할애해야 한다. 그래서 포기하는 분들도 있다. 기술을 익히고 제공하는 시간도 모자란데 제품 공부까지 해야 한다니 부담감이 이래저래 클 수밖에 없다. 그래서 가장 좋은 방법은 어떤 제품이든 사용해 보면서 제품회사에서 알려주는 특징 외에 자신만의 경험과 언어로 설명할 스토리를 만들어 자신감 있게 소개할 수 있게 만드는 것이다.

만약 그럴 수 없다면 자신감 있게 제품을 소개할 수 있는 노하우를 소개한다. 먼저 우리 헤어살롱 베스트셀러 제품 5가지를 알아본다. 그리고 그 제품들이 단시간에 많이 판매된 이유와 제품의 특징 2가지, 그리고 그렇게 뛰어난 실적을 올리게 된 이유를 파악해 보자. 우리 살롱에 있는 모든 제품이 아니라 베스트셀러 5가지 제품, 그리고 2가지 정도의 제품의 특징. 이 정도는 할 수 있고, 해볼 만하지 않은가.

베스트셀러 제품들에 대해 배운 정보와 프로로서 그 제품들의 판매율이 높은 이유에 대해 설명할 수 있는 능력이 생기면 강한 자신감이 생길 것이며, 이렇게 설명해서 고객의 구매가 이어진다면 점판에 대한 자신감 또한 높아질 것이다.

재방률과 점판률이 아주 높은 쿄토의 노리코 미용실, 마에다 히데오 원장도 헤어살롱 내 점판이 안 되는 이유를 다음 5가지로 말한다.

1. 헤어디자이너가 점판의 중요성, 필요한 이유를 모른다.
2. 일반 시중의 제품과 프로페셔널 제품의 차이를 모른다.

3. 고객에게 맞춤 제안을 못한다.

4. 살롱 내에서 점판을 위한 교육·훈련을 하지 않는다.

5. 고객은 물건을 사는 게 아니다.

안 되거나 못하는 사람들의 이유가 비슷한 걸 보고 고개를 끄덕였던 기억이 있다. 상대방의 문제라고 미루고 싶었겠지만, 나의 마인드·관계·상황의 부족함을 인정하고 노력하면 된다. 점판의 성공 여부는 디자이너가 본인의 업무를 어떻게 정의하고 스스로 어떤 가치를 부여할 것인가에 달려 있다. 판매라는 글자 때문에 단순하게 팔아야하는 행위에 집중할 것이 아니라, 나와 고객의 신뢰 형성이 우선적으로 필요하다. 다시 말해 상대의 고민을 해결해 주는 해결사가 되는 것이다.

자신감을 가지고 현장으로 가서는 한번 해볼 의지를 불태우는데, 이내 의지를 멈추게 하는 것들이 생긴다. 판매는 처음이라 '한번도 해보지 않았는데'라는 두려움, 거절당할 두려움, 그리고 '이렇게 비싼 걸 고객이 구매할 능력이 될까?'하는 의구심도 든다.

하이엔드 럭셔리 화장품 〈끌레드뽀 보떼〉 브랜드가 한국에 처음 선보인 것은 1999년 9월 현대백화점 압구정점에서였다. IMF의 충격이 사라지기도 전인데, 너무 비싼 제품을 판매하는 데 대해 신문에서는 연일 1g당 가격까지 계산해 가며 부정적인 쓴소리를 했었다. 오픈하던 날 영업 지원을 하기 위해 현장 근무를 한 나는 내가 할 수 있는 최상의 서비스로 상담을 하고 있었다. 당시 〈끌레드뽀 보떼〉에서 가장 비싼 영양크림이 25g에 63만 원이었는데, 마침 고객에게 그 제품을 설명하게 되었다. 제품의 품질·효과는 너무 좋지만, 워낙 고가라 가격을 말할 즈음이 다가오면서부터 스스로 걱정이 되기 시작했다. 내가 이렇게 비싼 제품을 구매할 수 없었기에 고객도 구매 능력이 있을까 라는 걱정이 앞섰다.

가격을 안내해야 하는 순간이 왔고, "63만 원입니다."라고 아무렇지 않은 듯 말을 했다. 고객의 반응이 궁금한 순간이었는데, 자연스럽게 "그럼 이 제품 세 개 주세요."라는 말에 내가 더 놀랐던 기억이 있다. 한 개는 본인이, 한 개는 딸, 한 개는 며느리에게 선물한다던 고객의 말에 순간 나는 큰 깨달음이 있었다. 내 경제 능력이 상대방과는 전혀 다르다는 것을 말이다. 그리고 '한 사람이 한 개의 제품만 구입하는 게 아니었구나! 선물이라는 게 있구나!'를 새삼 알게 되었다.

필요한 이유가 충분하다면, 가치를 어디에 두고 있느냐에 따라 제품을 구입할 수 있으니 고객의 알 권리를 위해 설명하고 알려주면 되고, 선택은 고객 스스로 하는 것임을 배웠다.

샴푸실에서는 상담에서 나온 고민 부분을 해결할 수 있는 어떤 효과의 샴푸를 쓴다고 간단하게 말하면 된다. 트리트먼트를 한다면 스타일링 전에 머릿결의 변화를 직접 만져보며 알게 한다. 마지막 순서인 스타일링 때에는 '어떤 제품을 사용한다', '이렇게 스타일링 하는 거'라고 제품을 보여주면서 사용량과 사용법을 알려주면 된다.

이 글을 읽고 있는 현장 근무자라면 자신이 이렇게 하고 있는지 생각해볼 것이며, 고객이라면 헤어살롱을 방문했을 때 나는 이런 서비스를 받았는지 생각해볼 일이다. 고객과의 관계가 좋은, 그래서 매출도 높은 직원들의 특징은 끝없이 고민하고, 연습하고, 전달해주는 특징이 있다.

아직도 리테일이 제품 판매라고 생각되는가? 리테일은 내가 처음에 들었던 것처럼, 그리고 당신이 생각하는 것처럼 제품을 파는 것이 아니다. 리테일은 나를 파는 것이고, 나의 전문성을 파는 것이고, 나의 신뢰를 파는 것이다. 이제 생각이 조금은 달라졌는가? 해볼 용기가 조금은 생겼는가?

바람개비가 너무 예뻐서 문방구에서 사서 나오는데 바람이 불었다. 가만히 서 있는데도 불어오는 바람에 의해 신나게 돌아가는 바람개비를 보면 신기하고 재미있다. 점판이라는 교육을 준비하던 중에 "바람이 불지 않을 때 바람개비를 돌리는 방법은 내가 앞으로 달려 나가는 것뿐이다."라는 데일 카네기의 글이 떠올랐다. 점판을 해야 하는 직원들, 궁금하지만 적극적으로 무언가를 물어보지 않고 기다리거나 떠나는 고객은, 마치 바람개비를 돌리고 싶은 직원과 불어오지 않는 바람 같은 고객과 같다는 생각이 들었다. 먼저 물어보려 하는 고객, 달려오는 고객은 흔하지 않다. 아주 드물다. 바람이 불지 않을 때 내가 든 바람개비를 돌리려면 내가 뛰어나가는 것뿐이다. 내가 지식·기술·서비스로 무장한 후 먼저 다가가는 것이다. 자신의 바람개비는 스스로 돌려야 한다.

BRANDING

Chapter **4**
나를 **명품**으로 만드는 기술

서비스 교육은 다 뻔한 내용일까

서비스란 무엇일까? 서비스 교육의 중요성에 대해서는 누구도 부인할 사람이 없는데, '서비스'라는 개념은 왠지 제대로 된 대우를 받지 못하는 기분이 든다.

서비스(service)는 '그냥 하면 되는 것' 정도로 인식하는 게 보통이다. 사전적 의미로 '개인적으로 남을 위하여 돕거나 시중을 듦. 장사에서 값을 깎아 주거나 덤을 붙여 줌'이라고 되어 있다. 서비스는 편의를 넘어 손님 자신이 스스로 특별한 존재로 느끼도록 하는 세심한 의식이다.

연간 교육 프로그램을 만들 때 '서비스'라는 용어는 식상하니 시선을 끌 만한 카피를 고민해 보라는 요청을 받은 적이 있다. 하지만 아무리 생각해도 서비스를 대체할 만한 고유명사가 잘 떠오르지 않았다. 왜일까? 일반명사이기 때문이다. 일반적이라는 것은 성별·나이를 불문하고 그 개념은 모두가 같은 이해를 하고 있다는 의미다. 서비스는 주는 쪽과 받는 쪽이 있으며, 서비스를 받는 쪽은 받기 전보다 높은 만족을 느끼게 될 것이라는 점이 큰 틀에서 본 서비스의 의미이다. 이렇게 강력한 개념을 왜 애써 피해서 써야 할까. 아마 '당연한 것'을 하찮게 여기는 평소의 인식 때문이 아닐까? 서비스를 제공해야 하는 우리는 '제대로 서비스를 하고 있는가?', '받는 쪽은 제대로 만족하고 있는가?'만 살펴봐도 드러나는 문제는 확연하다. 그런데도 문제의 본질을 제쳐두고, 최신 유행이니, 마케팅이니, 브랜딩이니 하는 현란한 문장에만 마음이 빼앗겨 있는 듯하다.

결국 서비스는 바꿀 수가 없어서 '경영'을 붙였더니 좋다고 한다. '서비스 경영'이라고 했더니 관리자급 이상 리더들의 참석률이 높아졌다. 경영을 붙이고 떼고에 따라서 참석 인원의 구성이 달라지는 것은 서비스가 곧 경영의 연장선이라는 것을 깨닫지 못하고 있기 때문이다. 비즈니스를 두 단어로 줄여 말하라 하면, '주고, 받는 것'이다. 더 무슨 설명이 더 필요한가? 서비스를 두 단어로 줄여 말하라 하면, 이 또한 '주고, 받는 것'이다. 명확하고 확실하다.

경영이란 무엇인가를 두 단어로 줄여 말하라 하면, '계속' '팔도록' 하는 것이다. 그러니 서비스 경영이란 주고받기를 계속(시스템화)해서 파는 것이다.

따라서 서비스 따로, 경영 따로가 아니라는 말이다. 서비스가 곧 비즈니스이고, 비즈니스 진행이 곧 경영이다. 그러니 경영의 핵심은 역으로 비즈니스에 있고, 비즈니스의 핵심은 역으로 서비스로 정리되는 것이다. 그렇다면 최종적으로 서비스의 핵심은 무엇인가. 고객 만족이다.

현장에 있는 디자이너는 곧 경영에 가장 큰 영향력을 미치는 존재들이다. 이들의 마인드와 태도에 따라 기업의 성장과 쇠락이 결정된다고 해도 지나친 말이 아닐 것이다.

부메랑 서비스

"서비스는 누구를 위해 하는 것인가요?"

서비스는 먼저 '나'를 위해 하는 것이다. 고객과 회사를 위해 한다는 생각만으로는 이 고된 배려를 감당해 낼 수는 없다. 나 역시 고객이 있다. 교육생이 내게는 고객이다. 이들의 성장을 바라지만, 온전히 이들만을 생각해서는 지속할 수 없다는 걸 내가 가장 잘 안다. 매장 오픈 전 아침 일찍 교육이 있는 날은 모두가 잠든 새벽에 출근한다. 가까운 곳, 먼 곳을 가리지 않는다. 그게 내가 할 일이다. 그런데도 지금껏 무너지지 않고 해 올 수 있었던 것은, 이 일에 가장 큰의미가 바로 '나의 성장'에 있는 이유이다.

현장을 제대로 알기 위해 교육하고, 교육 시장에서 나의 경쟁력을 확보하기 위해 콘텐츠를 연구한다. 고객과 회사는 두 번째 세 번째다. 언제나 첫 번째는 나를 위한 거란 사실을 기억하자. 나를 위해 상대에게 미소짓자, 나를 위해 예쁜 말을 하자, 나를 위해 진심을 담아 응대하자. 그래야 내가 쌓은 덕이 나에게 되돌아올 테니 말이다.

커피를 커피답게

나는 커피가 좋다. 언젠가 본 기사에 따르면 커피맛을 맛있다고 느낄 수 있는 농도가 1.3~1.5%라고 한다. 단 몇 그램의 맛이 혀끝을 유혹하는 것이다. 겨우 1% 남짓한 커피에 따라 맛이 달라진다. 사람도 마찬가지 아닐까. 나를 나답게 만드는 결정적인 차이는 아주 미세할지 모른다.

2020년 9월 기준 KB경영연구소의 자영업 분석 보고서에 따르면 전국 헤어살롱 수는 11만 개가 넘는다. 그곳에서 일하는 사람은 미용실 수의 최소 2, 3배는 될 것이다. 밤하늘의 별처럼 무수한 헤어살롱 가운데 고객이 나를 찾는 특별함은 무엇일 수 있을까? 지금 이 글을 읽는 당신의 1.3%는 무엇인가?

경쟁 속에서 다름과 차별화는 곧 생존 가능성이다. 몇 해 전 미용인들과 일본 연수를 다녀온 적이 있었다. 현지의 오랜 역사를 가진 샵을 방문하여 강의를 듣고 헤어살롱을 견학하는 것을 목적으로 한 연수였다. 일본에서 100년의 역사를 자랑하는 과자 가게를 방문했을 때 50년 이상 한 자리에서 일했다는 나이 지긋한 분이 우리 일행을 반겨주셨다. 50년째 직원으로 일하고 있다는 말에 놀라지 않을 수 없었다. 작은 과자 가게에서 50년 근속이라니. 그에게 과자 가게는 어떤 의미인지 무척 궁금했다.

돌아와서 우리나라에는 어떤 기업들이 100년 넘는 장수 기업인지가 궁금한 마음에 자료를 찾아봤다. 전 세계에 200년이 넘은 장수 기업 가운데 일본이 3,937개로 가장 많고, 독일(1,563개)과 프랑스(331개)가 뒤를 이었다. 하지만 한국에는 없었다. 한국에는 100년 넘는 기업이 8개가 있었는데, 헤어살롱으로 범위를 좁혀 보니 세상에! 120년 넘게 지금도 영업 중인 살롱이 있다. 면목동에 위치한 〈수진미용실〉이다. 헤어살롱이 한 자리에서 120년을 지속한 것만으로도 대단한 일이다(주인은 바뀌었을 것이다).

이토 유타카 선생님의 《함께하는 마음의 경영》이라는 책에서는 일본에서 200년 이상 살아남은 기업의 특징

을 정리해 둔 부분이 있어서 소개한다.

- 직원이 회사와 회사의 제품을 신뢰한다.
- 환경 변화에 대응하는 제품 개발, 고유 기술과 노하우를 축적한다.
- 전문가의 의견에 귀를 기울이며 현장의 의견을 잘 수렴한다.
- 쉽게 따라 할 수 없는 기술을 축적한다.
- 일체감이 강하고, 서로 지혜를 모은다.
- 본업에 충실하고 무리하게 다각화하지 않는다.
- 소속된 사람들의 재능과 경험을 살린다.
- 고객, 거래처, 직원과의 신용을 중시하는 신용 우선 경영을 한다.
- 기본을 중시한다.

알면 두렵지 않다

서비스업에서 잔뼈가 굵은 분들에게도 서비스는 여전히 어렵다. 그렇다. 서비스는 끝도 없고, 답도 없고, 그래서 어렵다. 하지만 서비스를 개념부터 잘 잡아 이해하면 접근이 꼭 어려운 것만은 아니다.

자, 시계 하나를 만들어 보자. 당신만의 벽시계를 만들 예정인데, 어떤 재료가 필요할까? 판형, 시계 바늘, 배터리…. 이번에는 책상을 하나 만들어 보자. 다리를 만들 철제, 상판, 못, 망치… 등이 필요할 것 같다. 마지막으로 서비스를 만드는 데 필요한 걸 나열해 보자. 미소? 인사? 상냥한 목소리가 생각난다. 어딘가 확신이 없다. 뭔가 부족한 것 같고, 무언가를 더해야 할 것 같다. 시계처럼 눈에 보이는 건 재료가 뭔지 딱 알겠는데, 서비스는 어렵다. 무형이라 그런 것이다.

최선을 다해도 서비스는 상대적이다. 고객이 불만이면 나는 나쁜 서비스를 제공한 것이다. 이것은 탁구와 비슷하다. 내가 보낸 공이 돌아오지 않으면 게임은 끝난다. 억울해도 어쩔 수 없다. 그것이 바로 고객과 나 사이에 설정된 흔들리지 않는 관계다.

서비스는 탁구다. 제공하는 동시에 고객이 받고 피드백을 보낸다. 서비스는 오로지 고객의 뇌리에 감정의 상태로만 남는다. 실제 현실에서 남는 것은 아무것도 없다. 서비스가 싫었다면 고객은 오지 않는 것으로 관계를 정리한다. 서비스에 반품은 없다. 반감만 있을 뿐이다. 이게 더 무섭다. 반품이 나쁘지만은 않다. 반품이 쉬우면 고객은 회사의 대응에 새롭게 만족감을 표시한다. 하지만 서비스에 반감을 가지면, 그걸로 고객과의 관계는 단절이다. 연인과 통화를 하다가 상대가 싫어지면 일방적으로 전화를 끊어버리는 것과 같다.

문득 옛 친구가 소식이 궁금해서 연락할 때가 있지 않나. 안부가 궁금해서 친구에게 연락하듯 오래전 다녀갔던 고객에게 한번씩 안부 차 연락해 본다는 사람은 극히 소수다. 방문하지 않는 고객에게 안부 문자 한 통 보낼 수 있는 일이다. 부담의 무게를 내려놓고 진심을 담아서 말이다. 제안은 나의 의무이며, 거절은 고객의 선택이다. 제안도 아니고 어떻게 지내시냐는 문자 한 통 보내는 일에 고객은 불편해하지 않는다.

오히려 너무 뜸해서 다시 가기를 주저하는 고객의 마음을 편하게 해줄 수도 있다. 다른 곳을 이용했던 괜한 미안함도 떨치고 가볍게 헤어살롱을 방문할 수 있다. 거절을 섭섭하게 생각해서는 안 된다. 거절을 자연스럽게 받아들일 줄 아는 사람이 비즈니스도 잘한다.

고객이 당신을 떠나는 이유를 무엇이라고 생각하는가? 놀라운 사실은, 이 질문을 했을 때 모두가 그 이유를 정확히 알고 있다는 사실이다. 맙소사! 알면서도 고치려 노력하지 않는다는 사실은 더욱 놀랍다.

미국 품질학회에서 본 고객 이탈의 원인은 '고객 접점 대응 문제' 였다. 고객을 직접 응대하는 직원이 불친절해서 떠났다는 응답이 거의 70%나 된다. 그러니까 고객이 떠나는 70%의 이유를 디자이너 스스로 만들고 있을 수도 있다. 이를 반대로 해석하면, 고객에 대한 태도만 바꿔도 70%의 고객은 떠나지 않고 충성 고객이 된다.

"인간관계에서 수만 명의 사람들과 관계를 맺는 것은 가장 쉬운 일이다. 반대로 단 한 명과 관계를 맺는 것이 가장 어려운 일이다.

– 조안 바에즈

교육생에게 직접 경험했던 서비스 가운데 탁월했던 것과 최악이었던 상황을 직접 얘기해 보도록 했더니 다음과 같은 생생한 체험담이 나왔다.

탁월했던 서비스

1. 재방문 시 알아봐주며 이름을 불러줄 때

2. 애프터서비스(카톡으로 사후 관리 방법. 불편한 점을 물어봐줄 때)

3. 일 외의 사적인 질문에도 정성을 다해 답해 줄 때

4. 밝게 맞이해 줄 때

5. 대화 내용을 잊지 않고 기억해 줄 때

6. 눈맞춤하고 대답해 주고 미소지어 줄 때

7. 오랜만에 갔는데도 나를 기억해 줄 때

최악의 서비스

1. 순해 보인다고 하대할 때

2. 배웅 인사가 잘 안 될 때

3. 직원들끼리 얘기할 때(직원의 고객화)

4. 컴플레인을 말했더니 핑계만 댈 때

5. 무관심할 때

6. 눈맞춤 안 하고 대답할 때

7. 어두운 표정과 화난 말투로 응대할 때

읽으면서 '이건 내가 겪은 내용인데….'하는 것들이 대다수일 것이라 본다. 조별 토론을 통해 알 수 있었던 것은 고객 이탈의 가장 큰 원인은 시설·입지·브랜드 파워가 아니라, 바로 직원의 태도였다.

'고객은 귀신이다.'

직원 사이에 불화가 있거나 분위기가 나쁘면 고객은 바로 안다. 그런 매장에 들어가서 편하게 시술을 받고 싶은 고객은 없다. 모를 거라 생각하지 마라. 다시 한 번 말하지만 고객은 귀신이다.

잠시, 지나가겠습니다

서울 삼성동 포스코 빌딩 1층 테라로사는 늘 붐빈다. 서비스업에 종사하다 보니 일하는 분들을 살피는 게 직업병이라, 자주 그들의 움직임과 표정을 살펴본다. 손님이 몰리자 직원들은 더 바빠졌다. 이때 빵을 가지러 가는 한 직원이 다른 직원의 뒤를 지나가면서 "잠시, 지나가겠습니다."라고 말한다. 아무것도 아닌 것 같지만, 내게는 감동이었다. 내게 한 말도 아닌데, 잠시지만 난 이 분들은 좋은 교육을 받았구나 하는 느낌을 받았다. '배려'하는 마음을 표현하도록 교육받은 것이다. 배려는 손님을 존중하는 태도다. 배려하는 행동이 언어보다 더 큰 힘을 가지고 있다는 사실을 잘 아는 것이다. 그들의 매너는 몸에 배어 있었다. 훈련의 성과다. 생각하기 전에 먼저 행동이 나올 정도라면 노력했다는 것이다. 손님을 위해서 말이다. 그들의 노력에 박수를 보낸다. 좋은 곳에서 좋은 서비스를 받은 날이었다. 이 작은 마음이 밖으로 크게 퍼진다. 이것이야말로 오가닉 마케팅 아닌가.

서비스냐 기술이냐

기술직에 종사하는 분들은 기술 연마에 사활을 건다. 하지만 기술만큼 중요한 것이 바로 사람을 대하는 태도다. 얼마 전 지인이 경험한 내용을 SNS에 올렸다. 다니던 헤어살롱의 예약 마감으로 어쩔 수 없이 다른 곳에 가게 되었는데, 우선 원장의 첫인상부터 마음에 들지 않았단다. 기다려도 온수가 나오지 않자 찬물로 머리를 감기지를 않나, 샤워기가 머리에 툭툭 부딪히는 등 기분이 좋지 않았다. 다시 오지 말아야지 했는데, 어라! 스타일링이 너무 잘 나왔다. 그래서 다시 와야할지 고민스럽다는 내용이었다. 글을 읽고 고객의 입장에서 서비스와 스타일 중 어떤 것을 선택할까 궁금해서 댓글을 남기니 답이 왔다.

"저는 스타일을 포기하고 서비스를 선택하게 될 거 같아요."

한 사람의 의견이 전체를 대변할 수 없을지라도 최소한 고객이 서비스와 기술 양쪽이 고민될 때, 쉽게 기술에 손을 들어주지는 않는다는 것이다.

살면서 만나기 힘든 사람

2017년 6월 대전에서 교육이 있던 날이었다. 지방 출장이라 평소보다 많은 짐을 가지고 대전역에서 둔산동 아카데미까지 택시를 이용했다. 비가 오는 날이어서 우산까지 잘 챙기고 택시에서 내리자마자 3층 교육장에 올라가서 노트북 세팅을 마쳤는데, 뭔가 허전하다. 아뿔싸! 순간 머릿속은 하얘졌다. 노트북이 들어 있는 가방만 챙기고, 내 인생을 통째 갈아 넣은 교육 자료가 담긴 외장하드, 카드가 들어 있는 지갑 등을 넣은 가방을 택시에 놓고 내린 것이다.

긴급히 카드사에 전화를 해서 기사님 전화번호를 수소문했다. 전화를 기다리는 동안 어찌나 초조한지 잠시도 가만히 있을 수가 없어 1층으로 무작정 뛰어 내려갔다. 택시를 기다리는 승객으로 생각한 여러 대의 택시를 보내며 카드사의 연락만을 기다리고 있었다. 그때 택시 한 대가 내 앞에 섰고, 기사님이 창문을 내리면서 말씀하셨다.

"이렇게 큰 가방을 놓고 내리면 어떡해요!"

세상에! 연락을 주고받은 것도 아닌데, 어찌 알고 여기까지 오셨단 말인가. 기사님께 연신 감사하단 말씀을 드리고 교육장으로 올라왔다. 교육이 끝나고 나서 문자를 확인하니 그제야 기사님의 전화번호가 와 있었다. 너무 감사한 마음에 짧은 글과 함께 선물을 보냈다. 가방을 잃어버렸을 승객의 마음을 백 번 천 번 헤아려 연락도 되지 않은 상태지만, 기사님도 혹시나 하고 다시 돌아오셨던 게 아닐까 생각하니, 그 배려 깊은 마음 감사하기만 했다.

기사님은 생명의 은인이나 다름없는 분이 되었고, 가끔씩 연락을 드렸다. 나중에 내가 거기 있을지 어떻게 알았느냐고 물으니, 물건 잃어버린 사람 마음이 오죽하겠냐 싶어 혹시 있을지 모르겠다 싶어서 왔다는 것이다. 고객의 고충을 생각하는 마음, 그 마음이 내가 지금껏 받아본 최고의 서비스였다.

이 일을 겪으면서 택시 회사에 하차 시 멘트를 매뉴얼로 만들면 정말 좋겠다는 생각이 들었다. 그 한마디로 물건을 잃어버리는 사람도 크게 줄어들 테니까 말이다.

일본에서 친절함의 끝판 왕이라는 MK택시라면? MK택시라면 매뉴얼이 있을지도 모른다는 생각이 들었다. 자료를 찾다 보니 유태식 부회장이 우리나라의 한 방송에 출연해 MK택시의 인사에 대해 말하는 장면이 있었다. 1995년 미국 뉴욕《타임》지 '세계 최고의 서비스 기업'으로 선정되기도 했던 MK택시에는 역시 인사 매뉴얼이 있었다. 택시 요금엔 친절과 서비스가 포함되어 있다고 한 MK택시에서는 승객이 타면

　　1. 웰컴 인사
　　2. 기사 자신 소개
　　3. 목적지 복창
　　4. 잊은 물건이 없는지 재확인

이렇게 4가지 인사를 하고, 이중에서 한 가지라도 하지 않으면 요금을 내지 않아도 된다는 것이다.

　인사 멘트는 매뉴얼이다. 하지만 이 멘트를 외우지 않아도 승객이 타고 내릴 때 자연스럽게 하려면 얼마나 많은 연습을 했을지는 가히 짐작이 간다. 간단한 것 같은 이 네 가지 인사는 절대 간단하거나 사소한 것이 아니다.

　대전역에서 둔산동의 교육장으로 가는 택시를 타서 "기사님, 세우리 병원 부탁합니다."라고 목적지를 말했는데, 도착한 곳은 '우리병원'이라고 쓰인 간판 앞이었다. 기사님이 우리병원이라고 들었다

하니 난감할 따름이었다. 승객이 갈 곳을 말했을 때 MK택시처럼 복창 한 번만 했더라면 이런 실수는 생기지 않았을 것이다.

MK택시의 인사 의무 중 기사 자신을 소개하는 인사말이 있는데, 〈끌레드뾰 보떼〉 런칭을 앞두고 교육할 때 당시 다른 화장품 브랜드에서는 하지 않는 응대 중 하나로 담당 직원의 이름을 먼저 밝히도록 했다. 이름을 말한다는 것은 당신을 응대하는 사람이 나라는 것을 상대에게 공손히 인식시키는 리추얼의 하나다.

실제로 응대할 직원이 자신을 이름을 말하니 고객의 신뢰가 더 생겨서 좋은 관계가 오래 유지되기도 한다. 그리고 MK택시에서는 인사 의무 중 마지막으로 승객이 내릴 때 감사함을 전하면서 잊은 물건이 없는지를 묻는다고 했다. 헤어살롱에서 맞이 인사를 하고 고객의 오늘 시술을 재확인하고, 시술할 직원 자신을 소개하고, 나가실 때 행여 하나라도 놓고 가는 게 없이 챙겨주는 서비스, 어려운 것은 없다. 그렇다면 이제부터 연습하며 해 보도록 하자.

택시 서비스 교육에서 배운다

세계적인 MK택시에 외국인 중 유일한 연수생 정태성 비전택시 대학 총장님의 SNS에 '강의실에 주차된 실습용 차량'이라는 글이 눈에 띄었다. 택시 문을 열어주는 것을 4시간이나 교육한다는 말에 '왜?' 하는 궁금증이 생겼다. 주제는 '서울시 고급택시 도어 서비스' 였다.

택시는 특성상 한 번 탔던 사람이 다시 타기는 어려운 교통수단 아닌가. 그런데 그들은 한 번 만나는 고객을 위해 최고급 서비스를 제공한단다. 택시가 이럴진대, 재방문이 일상인 디자이너들은 고객 에게 서비스를 위해 어떤 공부를 하고 있나 하는 생각이 들자 마음 이 복잡해졌다.

강의를 듣고 싶다 하니 뷰티업계에서 뭣하러 택시 서비스를 배 우냐는 거절에 교육 콘텐츠로 꼭 쓰고 싶다고 말씀드려 결국 교육 시간 중 참관하는 기회를 얻었다. 강의를 마치고 정 총장님에게 지난 번 가방 분실 사건을 말씀드리며, 택시 승하차 시 매뉴얼 부재의 아쉬움을 이야기하니 본인의 자료를 보여주신다. 택시 운행에 필요한 고객응대 매뉴얼이 따로 있었다. 콜을 받거나 고객을 발견하는 순간부터 목적지에 내려주고 마무리하는 과정이 하나하나 정성스럽게 디테일하게 적혀 있었다. 고객 입장에서 무엇이 불편할까를 고민한 흔적이 역력했다. 경력 몇 년차를 말하기 전에 내가 그 경력에 맞는 서비스를 하고 있는지를 반성하게 했다. 매뉴얼의 필요성과 교육을 할 이유가 또 생겼다.

전설적인 서비스에 대한 내용이 담겨져 있는 《배려를 파는 가게》(켄 블랜차드)에는 이런 내용이 있다.

정직원이든 파트타임이든 '이 일을 싫어하는 사람?'이란 질문을 하니 대다수가 손을 든다. 현재의 우리 모습이기도 하다. 다시 질문한다. '지금 하는 일을 정말 좋아하는 사람?' 아주 몇몇만 손을 들었다.

책에서는 일하는 곳이 어디든, 직급이 어떻든, 동료와 고객을 배려하고 진정 돕고자 하는 마음을 가진 사람만이 차이를 만든다고 했다. 나는 교육생들이 최근 한 주 동안 받아본 서비스를 떠올려 보고 10점 만점 기준에 평균 몇 점을 줄 수 있는지 말해 보라 했다. 대다수가 6~8점 사이다. 이번에는 입장을 바꿔 물어본다. 여러분이 제공한 서비스를 고객은 몇 점이라 평가할 것 같은가? 결과는? 높게 나와도 8점이다. 평균 6점 정도 나온다.

당신이 경영자라면 이 점수를 볼 때, 무슨 생각이 드는가?

서비스와 배려의 차이

화장품 회사에서 근무할 때 어느 해인가 '고객이 다시 찾고 싶은 매장 만들기'를 목표로 부서마다 열심히 그런 매장 만들기에 노력했던 적이 있었다. 교육팀장이었던 나는 고객이 다시 찾고 싶은 매장 만들기에 필요한 서비스를 연구하고 교육하는 일을 맡았었다. 형식적인 서비스는 누구도 원치 않는다. 그렇게 한다 해서 고객 마음을 움직일 수 없음은 모두가 알고 있었다. 우리에게는 고객과의 관계 재정의가 필요했다.

서비스와 배려의 차이

국어사전에서 '서비스'를 찾으면 '생산된 재화를 운반·배급하거나 생산·소비에 필요한 노무를 제공함. 개인적으로 남을 위하여 돕거나 시중을 듦. 장사에서, 값을 깎아 주거나 덤을 붙여 줌.'이라고 나와 있다. '배려'는 '도와주거나 보살펴 주려고 마음을 씀.'이라

고 정의한다. 서비스업에 종사하는 사람들의 행동에 서비스는 있지만 배려 없는 서비스로 고객을 불편하게, 불쾌하게 할 때가 있다. 그야말로 친절하지만 친절하지 않다. 유니언스퀘어 호스피탤러티 그룹의 CEO 대니 메이어는 《세팅 더 테이블》에서 서비스와 배려의 차이와 필요성을 알려준다.

서비스와 배려의 차이를 이해하는 것은 성공의 기본 조건이다. 서비스가 어떤 상품을 기술적으로 전달하는 것이라면, 배려는 그 상품을 전달받는 사람의 느낌을 중요시하는 것이다. 서비스는 무엇을 어떻게 할 것인지 결정하고 일방적으로 서비스의 기준을 정하는 반면, 배려는 손님의 입장에서 모든 감각을 사용해서 귀를 기울이고 계속해서 사려 깊고 호의적이고 적절한 반응을 보여주는 것이다. 최고가 되기 위해서는 훌륭한 서비스와 훌륭한 배려, 둘 다 필요하다.

서비스에 대한 교육을 하면서도 '서비스'라는 단어만으로는 뭔가 채워지지 않는 부분이 있었다. 현장의 직원들은 편의를 제공하며 노력하지만, 여전히 고객은 불만을 말하고, 직원들의 태도에서도 불편함이 보인다. 무엇이 잘못된 걸까 고민했었는데, 바로 '배려'였다. 텍스트화된 행동에 배려가 없으면 그것은 기계적인 동작에 지나지 않는다.

배려가 없는 서비스에는 나의 편리는 있을지 몰라도, 고객이 느끼는 편의는 없다. 배려란 도와주거나 보살펴 주려는 '정'이다. 작지만 결정적인 것이 배려하는 마음이다.

주문한 음료가 나올 때 진동 벨이 아닌 고객의 닉네임으로 불러주는 유명 커피 브랜드의 이름 부르는 서비스가 처음에는 신박했다. 하지만 다른 지점들을 방문하면서 직접 경험해 보니 진동벨이 훨씬 나았다. 고객은 밀려오고 주문한 음료는 쌓이는데, 복잡한 매장에서 큰 소리로 고객 이름을 부르다 보면 브랜드가 추구하는 가치는 사라지고 소음과 피로감만 더해질 때가 있다.

황금률보다 백금률

'당신이 상대에게 대접받고 싶은 대로 그를 대하라.'

기독교의 기본적 윤리관에서 시작된 말이지만, 서비스 황금률 (Golden Rule)을 이야기할 때 자주 회자되는 말이다. 하지만 이제 그 황금률도 달라져야만 한다고 생각한다. 내가 상대에게 대접받고 싶은 대로 대하지만, 그가 내 방식을 원하지 않으니 말이다. 우리는 서로 다르다. 내가 상대에게 대접받고 싶은 대로 그를 대했다가 낭패를 보기 십상이다.

소와 사자의 사랑 이야기가 그렇다. 채식동물인 소와 육식동물인 사자. 서로 사랑했지만 이 둘은 헤어짐을 맞이한다. 내가 좋아하는 것을 상대에게 주면서 사랑을 표현했던 그들이 결국 헤어지면서 하는 이별의 말이 슬프다. "나는 너에게 최선을 다 했어." 나의 최선이 그에게 최선이 아님을 알았다면 행복의 다른 길을 발견했을지도 모른다.

내가 대접받고 싶은 대로 상대를 대하는 것이 아니라 상대가 대접받길 원하는 방식으로 대해 주는 백금률(Platinum Rule)의 서비스가 필요하다. 황금률보다 백금률이다.

버선발로 환대해 주세요

고객은 기억되기를 원한다. 이름을 기억해 주는 것만으로도 좋아한다. 여기에 한 걸음 더 나아가 고객의 취향까지 파악하고 있으면 감동하지 않을 고객이 있을까. PT를 받을 때 트레이너는 늘 내가 좋아하는 곡을 틀어주었다. 우연이겠지 했는데, 지나가면서 한 말을 기억하고는 내 운동 시간에는 나의 최애곡을 틀어준 것이다. 운동에 도움되는 템포의 곡이 아니면 어떤가, 그 자체로 감동인 것을.

집 근처에 크로플(croffle : 크로와상 반죽을 와플기에 눌러 만든 음식)로 유명한 핫 플레이스 '아우프글렛 금호점'이 있는데, 주말에는 몇 팀씩 기다리는 것이 기본인 곳이다. 주말 방문은 꿈도 못 꾸고 평일 저녁 시간에 지인들과 몇 차례 방문을 하곤 했는데, 한 날은 반갑게 맞아주며, "또 오셨네요?"라는 인사를 한다. 코로나로 다들 마스크를 쓰던 때라 내 얼굴을 기억해 주는 것만으로도 충분히 고마웠다. 주문한 음료가 나와 가지러 가니 내가 주문하지 않은 디저트들이 있어 내 것이 아닌가 보다 했는데, 서비스라고 한다. 와! 감동이다.

이후 몇 달 만에 찾아갔더니 그곳 직원들이 그동안의 안부를 물으며 반갑게 맞이해 주는 게 아닌가. 장사가 아니라, 관심이라는 것을, 그게 전부라는 것을 다시 한 번 깨우쳐 준 가게다. 그들은 나를 지나가는 손님 중 한 사람이 아니라, 그들과의 기억을 나누는 한 사람으로 인식해 주었다.

친구가 놀러온다면

화장품 회사 교육 팀장 시절, 일본 본사에서 신제품 교육을 받기도 하고 서비스를 체험하는 일정들이 년 2회씩 진행되었다. 현지 도착부터 돌아오는 날까지, 모든 순간이 특별해서 개인적으로 무척 행복했던 기억이 있다. 한번은 다도 체험을 했었는데, 평소 차를 그다지 좋아하지 않아 단순 체험 정도로만 생각하고 들어갔었다. 그런데 입구부터 보이는 푸릇푸릇한 나무들, 정갈한 정원, 고요한 분위기는 사람의 마음을 차분하게 만들었다. 다도를 배우면서 정성을 쏟아 차를 내리는 그 시간이 참으로 아름답다는 것을 알게 되었다. 세심하게 준비하고, 조심스럽게 다기를 다루며, 상대를 귀하게 대하는 그 모습에서 고객을 이렇게 대접하면 얼마나 기뻐할까 하는 생각이 들었다.

현장에서는 '고객 접점(MOT)에서의 응대법'을 알려 달라고 한다.

고객을 대하는 태도와 말투에 대해 배우고 싶다고 한다. 그렇다면 옛 친구가 오랜만에 놀러 온다고 가정해 보자. 맛있는 음식을 대접하기 위해 장을 볼 것이다. 청소도 할 것이고, 함께 나가 즐길 거리도 있을까 찾아보기도 할 것이다.

이윽고 벨이 울린다. 친구를 보니 너무 반갑다. 편한 자리로 안내하고 안부를 물으면서 친구가 좋아하는 가벼운 음식부터 내놓는다. 시간 가는 줄 모르고 이야기는 무르익는다. 돌아갈 시간이 되면 지하철역이든 버스 정류장이든 배웅도 한다. 잘 도착했는지 문자를 보내고, 다음에 또 만나자며 아쉬움을 문자로 대신한다.

고객을 친구처럼 여기면, 태도와 말투가 어려울 게 없다. 예약을 한 고객이 온다면, 인턴과 디자이너는 미리 고객 카드를 숙지해서 지난 번의 대화를 기억해 본다. 고객이 좋아하는 것과 불편해 하는 것이 무언지 미리 체크한다. 그리고 고객을 맞이할 준비(마음과 나의 스타일 등)를 하고, 고객이 오면 오랜 친구를 만나듯 반갑게 맞이한다. 고객의 니즈를 파악하고 시술을 하면서 이야기를 나눈다. 옛 친구를 만나는 감각으로 고객을 대한다. 헤어스타일이 완성되면 고객은 감사하다며 샵을 나선다. 고객이 떠날 때는 친구를 버스 정류장까지 배웅했던 것처럼 문 앞까지 나가 인사를 하고 고객을 배웅한다. 며칠 후, 고객에게 헤어스타일 관리는 잘하고 있는지를 포함한 가벼운 안부 문자를 보낸다.

고객은 내 편인 듯, 내 팬인 듯 하다가도 언제든 섭섭한 일이 생기면 떠난다. 고객은 '언제든 떠날 준비를 하는 사람'이다. 영원할 것 같지만 영원한 건 없다. 다만 서로 진심으로 노력하면 한번 고객 관계가 수십 년 이어지기도 한다. 직원들 역시 언니, 동생, 누나, 형처럼 지내다가도 한번 마음이 떠나면 관계가 깨진다. 다음 번에 잘하겠다고 하지 말고, 사랑하는 이를 대하듯 고객을 대해야 한다. '지금'은 내 생애 단 한번의 '기회'일지 모르니까.

다도에서 응대를 배우다

내 생의 단 한 번의 기회. '일기일회(一期一會)'를 알게 되면서부터 삶에 변화가 생겼다. 일에 최선을 다했고, 좋은 사람과의 만남을 소중히 여겼다. 세상에 영원한 것은 없다. 시간은 오로지 소모될 뿐이며, 우리는 매일 하루라는 시간을 잃어가고 있다.

오래전 다도의 7가지 규칙을 배울 기회가 있었는데, 이후 이 내용들은 내가 일과 사람을 대하는 기준이 되어 주었다. 다도의 마음은 '상대를 위한', '상대에게 필요한' 것을 먼저 헤아리는 태도였다.

다도의 7가지 규칙

1. 차는 마시기 좋게 따르고
2. 숯은 물이 끓기 좋게 준비해 놓고

3. 겨울엔 따뜻하게, 여름엔 시원하게 권하고

4. 정원에 꽃이 있도록 하고

5. 준비 시간은 여유 있게

6. 구름이 없어도 우산을 준비하고

7. 낯선 손님에게도 마음을 써라.

처음 읽을 때는 당연한 이야기라고 생각했다. 그런데 반복해서 읽을수록 이 당연한 것을 살롱 현장에서는 얼마나 잘 지키고 있는가를 생각하게 되었다. 다도의 7가지 마음가짐을 체화하고 있는 사람을 만난다면 그에게서 차의 향기가 날 것 같다.

헤어살롱에 고객이 오면 차 서비스는 기본이다. 하지만 아침 교육이 있어 헤어살롱에 가면 강사인 나에게는 음료 한 잔 권하지 않는 경우도 종종 있는데, 대놓고 말하지는 않지만 다른 서비스도 염려된다. 차를 준비할 때는 넘치지 않게, 그렇다고 너무 적게도 아닌 8부 정도가 딱 적당한 양이라고 한다. 너무 많이 부어주면 잔을 들어 올리다가 흘릴 수도 있다.

우리 헤어살롱에서는 고객이 시술하면서 머무르는 동안 몇 번의 음료 서비스를 제공하는가? 화학 시술을 한다면 최소 2시간을 머무르는데 꼭 한 번이 아니라 한 번 이상 제공되는 것을 매뉴얼화할 필요도 있다고 생각한다. 고객이 먼저 리필을 원하기 전에 직원이 물어봐 주면 고객 입장에서는 고마움과 더불어 직원의 센스에 감탄할 수도 있다.

다도에서도 물이 끓기 좋게 숯을 미리 준비하듯, 고객 시술 전에 정돈된 준비가 필요하다. 조금 일찍 준비하면 고객을 응대하는 모습이 불안하지 않다. 보통 차는 겨울엔 따뜻하고 여름엔 시원하게 권하지만, 겨울에도 찬 것을 찾거나 여름에도 뜨거운 것을 찾는 고객이 있다. 현장마다 고객 맞춤이라고는 하지만, 정작 고객 한 사람 한 사람에게 세심히 맞춰주는 서비스는 흔치 않다. 그래서 고객 카드와 상담 내용 등의 기록이 필요하다.

많은 고객들을 응대하고 대화를 나누면서 그 순간에는 다 기억할 것 같지만, 우리의 뇌는 컴퓨터가 아닌 관계로 글로 적어 남기는 것 외에는 달리 방법이 없다. 적으면 내용을 잊지 않게 되고, 고객은 존중받는 마음을 갖게 되니 일석이조다. 고객 카드를 이용하면서 상담을 하고 기억해 주는 헤어살롱들은 코로나 상황에서도 최고의 매출을 올렸다.

다도의 7가지 규칙 중 유난히 내 마음이 머물렀던 대목은 6번째와 7번째였다. 구름이 없어도 우산을 준비하는 마음. 아침에 맑았기 때문에 그냥 나왔다가 비를 만나 난감하고 난처했던 경험이 있지 않은가? 헤어살롱에서 예쁘게 머리를 하고 나오는데 비가 온다면? 낭패다. 그럴 때 헤어살롱에서 우산을 내어주면서 고객을 위해 미리 준비한 것이라고 한다면 어떨까? 서프라이즈가 따로 없다. 감동을 하며 그 감사함의 빚을 갚으러 다시 그 헤어살롱을 가게 될 것이다. 고객을 팬으로 만드는 방법 중 하나이니 여러분의 살롱에서도 해 보길 제안한다.

구름이 없어도 우산을 준비해야 된다는 것을 알고 나서, 나는 차 트렁크에 우산을 몇 개씩 넣어 다니게 되었다. 비가 오는 날 교육 후 돌아가야 할 교육생 중에 우산을 가지고 오지 않은 사람들에게 빌려주기 위해서이다. 아카데미 교육 후, 실제로 예보에 없던 비가 내려 많은 교육생들이 당황해 할 때 우산을 빌려주겠다고 하니 다들 놀라면서도 감사하다고 했었다. 이렇게 받아 본 사람들은 언젠가는 그들도 베풀 수 있게 될 것이다.

하루는 출근길에 차를 타고 나오는데 비가 내리기 시작했다. 빗줄기가 예사롭지 않을 것 같은 그때, 마침 우산 없이 비를 맞고 가는 여고생 곁을 지나게 되었다. 딸을 보는 것 같아 그냥 지나칠 수가 없어 잠시 차를 세우고 트렁크에 있는 우산을 꺼내 주었다. 학생은 사양했지만 빗줄기는 점점 세지고 굵어지고 있어 버스를 타러 가는 길까지 더 가야 하니 그냥 가져도 된다며 손에 우산을 쥐어주었다. 동호수를 알려 달라고 하기에 빠르게 말하면서 안 돌려줘도 괜찮다고 했고, 우산을 쓰고 가는 학생을 보면서 안심이 되었다. 우산을 준비하라던 말의 중요함을 새삼 깨달았던 날이었다.

헤어살롱에서는 디자이너마다 단골 고객이 있어 본인의 고객에게는 매우 친절하지만 신규 고객인 경우에는 첫 방문의 서먹함과 어색함이 있다. 대기석에 앉아 있자면 친한 고객들에게는 친근한 목소리와 말투로 인사도 하지만 초면인 나한테는 그렇지 않다. 처음 온 고객이나 동행한 분은 디자이너 입장에서도 낯설겠지만, 어차피 우리 고객이 될 거니까 예비 단골이라 여기고 미소와 친절함으로 마음을 써서 대해 준다면 고객은 그곳이 편해질 것이다.

신입 디자이너의 일화이다. 디자이너가 된 지 얼마 안 되어 고객이 적었던 그녀는 함께 온 친구에게도 간단하게 드라이 서비스를 해 주어 당일 고객뿐 아니라 함께 왔던 친구도 자신의 고객으로 만들었다고 한다. 고객이 샴푸실로 간 사이 친구에게 간단하게 드라이를 해 주고 마음을 써 준 결과 만들기 어려운 신규 고객이 생기는 거라면 해볼 만하지 않은가?

능력이 부족하면 센스라도

기술은 명품의 필요조건이지 충분조건은 아니다. 기술이 전부는 아니다.

어느 곳보다 직원들의 마인드며 서비스가 우수할 거라며 자신 있어 하는 헤어살롱에서 교육이 있던 날이었다. 교육하기 전 나는 원장님과 사전 연락을 통해 직원들에게 꼭 해줬으면 하는 내용이나 교육 환경을 파악한다. 그리고 교육 시작 최소 10분 전에 교육생들이 도착해 줄 것을 사전에 거듭 당부했건만, 교육 시간 10분 전 전원 도착은 둘째 치고, 매장에는 불도 켜지지 않았다.

문앞에서 기다리는데 뒤늦게 누군가 다가온다. 반가운 마음에 인사를 먼저 했는데, 귀찮은 목소리로 시큰둥하게 '일찍 오셨네요' 라며 한 마디를 툭하니 던진다. 처음 교육을 진행하는 곳이라 환경이 익숙하지 않다. 교육 준비로 노트북과 빔을 올려놔야 할 받침대를 찾을 수 없어 두리번거리는데, 문을 열어준 직원은 본인 머리를 만지기에 바쁠 뿐이었다.

우선은 노트북을 켜고 자료를 켜놓고 다른 누군가가 오기를 기다리기로 했다. 두 번째로 온 직원 역시 입구에 들어서면서 나를 본 체만체하고 들어가 버린다. 고민되기 시작한다. 들고 온 짐보다 더 큰 한숨이 나온다. 이들에게 나는 '기다렸던 사람도 아니고 중요한 사람'도 아니었다.

이들은 새벽에 피로를 얻을 것이고, 나는 밑빠진 독에 물을 붓듯 시간을 보내다 올 것이다.

한 끗 차이가 명품을 만든다

1.

책을 준비하면서 쉬는 날마다 이용하는 응봉역 앞 〈블랙빈즈〉 카페. 걸어서 15분 정도의 거리에 있다. 집앞 카페를 두고 15분을 걸어서 그곳까지 가는 이유는 글쓰기에 좋은 환경 때문이다. 글을 쓰다가 피로하면 직원들이 일하는 모습을 본다. 늘 표정이 밝은 사람들. 그 모습에서 에너지를 얻는다. 자주 오는 고객들에게는 늘 반가운 목소리와 웃음으로 인사를 해 준다. 고객에게 잘하는 것은 물론 직원들 사이도 좋다. 그렇다고 자기들끼리 사담을 늘어놓는 일도 없다.

늘 머리를 묶던 직원이 하루는 머리를 풀었길래 아는 척을 해줬다. 그랬더니 실은 오늘 휴무인데, 데이트 중에 잠깐 들러서 주문을 받는 거라고 한다. 휴무 날, 자신이 일하는 곳에 오는 것도 신기한데, 심지어 주문을 받다니? 요즘 세상에 이런 직원이 어디 있단 말인가? 다른 직원들이 점심을 먹어야 해서 잠시 대신 주문을 받아준다던 직원만 봐도 이곳 분위기는 말하지 않아도 전해지리라 생각한다.

2.

내가 사는 아파트는 오래 된 곳이라 최신 시스템 대신 관리인이
교대로 근무를 한다. 종일 근무시간 중 점심 휴게 시간과 취침 시간
이 정해져 있다. 어느 날 밤늦게 재활용품을 버리러 밤 11시가 넘어
내려갔는데(관리인들의 취침 시간이 오후 11시~익일 오전 5시이다) 관리실은 불이
환하게 켜져 있고, 그날 근무하시는 분이 재활용품을 정리하고 계셨
다. 왜 안 주무시냐고 하니 잠이 안 와서라고 하셨는데, 그날뿐만 아
니라 근무하시는 날은 매번 그런, 다른 분들과는 너무도 다른 모습
에 도대체 어떤 마음으로 일을 하시는 걸까가 궁금해졌다.

하루는 시간을 내서 이야기를 듣고자 했다. 16년을 한 아파트의
경비로 일하고 계신다는 관리인은 '그냥 일'이니까 하는 거라고 하
시지만, 주민들의 편안함을 위해 한결같은 노력을 하신다. 그 모습
에서 신뢰와 친밀감을 더욱 깊어지는 게 아닐까. 어떤 일을 하든 자
기 일에 프로가 되면 주위 사람들과의 관계도 자연히 좋아지는 법이
다. 이런 깊은 관계를 만드는 사람이야 말로 진정한 명품이 아닐까.

3.

"기사님, 오늘 특별한 행사가 있나봐요."

택시 기사님 복장이 예사롭지 않다. 하얀 와이셔츠에 회색 정장 한 벌을 말끔하게 차려 입고 운전하시니 궁금해서 묻지 않을 수 없었다.

"평상복입니다."

불편하지 않냐고 물으니 익숙해져서 편하다고 한다.

"이렇게 입으면 일하는 마음가짐이 달라집니다. 그리고 승객들이 저를 함부로 대하지 않아요"

명품 프로였다. 복장은 이미 명품이었고, 운전 실력은 물론 대화까지 아주 편안했다.

명품 서비스에서 '전문가다운 복장'은 중요하다. 어디 복장뿐일까? 헤어, 메이크업을 포함한 전체적인 분위기까지 복장에 포함된다. 디자이너답지 않은 편안한 복장이 당신의 전문성을 떨어뜨린다는 것을 생각해 본 적이 있는가? 이미지 메이킹이 필요하고 중요한 이유이다. 물론 사람의 마음이 중요하다고는 하지만, 안타깝게도 마음은 첫 만남에서는 알 수가 없다. 보이지 않는다. 내 실력이 출중하다 해도 헤어살롱에 들어온 고객이 나의 모습을 보고 나 아닌 다른 디자이너에게 머리를 하고 싶다고 한다면, 나는 준비되지 않는, 프로답지 못한 이미지로 인해 실력을 보여줄 기회를 잃게 된다.

오래전 방영되었던 EBS〈인간의 두 얼굴〉에서는 한 남자의 복장으로 성격·업무·연봉까지 다르게 평가받는다는 내용이 있었는데,

그냥 웃으며 보고 지나칠 일이 아니었다.

백화점에 입점되어 있는 브랜드들은 카운터 로고 아래 제품만
이 브랜드를 나타내는 것이 아니라 그 안에서 일하는 직원들이야말
로 브랜드의 얼굴로 인식된다. 그들의 동작 하나, 목소리 톤을 포함
한 언어의 선택과 섬세하고 세련된 동작들, 고객들이 대우받는다는
느낌을 줄 수 있는 사소한 제스처들 모두가 브랜드이고 시각적인 면
으로 간주된다. 교육팀장이던 나는 브랜드 이미지를 가장 잘 전달할
수 있는 직원들의 태도에 대한 교육에 많은 시간을 투자했었다. 헤
어살롱에서도 마찬가지로 프랜차이즈든 개인 살롱이든 브랜드가 추
구하는 이미지는 직원들의 모습에 의해 만들어지는 부분이 크다는
것을 말하고 싶다.

미국 다트머스대의 P. J. 왈렌 교수는 우리 뇌의 편도체가 눈매
로써 첫인상을 판단하는 데 걸리는 시간이 실험 결과 0.017초라고
했다. 첫인상은 말 그대로 찰나라는 것이다. 이 짧은 순간에 상대방
에 대한 호감이나 신뢰 여부가 결정되는 것이다. 그러니 어떤 모습
으로 보일지 고민해야 하는 건 당연한 일이다. 나는 나를 보지 못하
지만, 모두는 나를 볼 수 있다는 사실을 잊지 말아야 한다.

열심히 모니터를 바라보며 일을 하고 있는데, 내 옆을 지나가던 옆 부서 팀장이 화났냐고 묻는다. 표정이 너무 심각해서 화난 줄 알았다고 한다. 거울을 봤다. 무표정하게 집중하고 있었는데, 거울에 비추니 내가 봐도 화나 있는 얼굴이다. 그 모습에 웃음이 났다.

흰장갑을 끼고 정장을 한 얼굴이 보이지 않는 남성이 와인을 따르거나 차의 문을 열어주는 사진을 보여주면서 어떤 느낌인지를 물어보면 정중하고 대접받는 기분이란 답을 들을 수 있다. 복장과 동작의 중요성을 엿볼 수 있다. 누군가가 당신의 직업이 궁금해서 물어볼 때가 있었는가? 헤어디자이너라고 했을 때 "역시! 그럴 것 같았어요."라고 한다면 당신은 시각적인 면에서 프로답게 보여진 것이라 할 수 있다. 반면 "아~ 그러세요?"라며 의외라는 반응을 얻는다면 다시 당신의 이미지를 생각해 볼 일이다. 〈천만 원 디자이너 만들기〉라는 프로젝트를 하면서 커트 기술을 알려주던 강사는 홈드레스같은 원피스를 입고 교육에 참석한 한 디자이너에게 질문을 했다.

"선생님, 천만 원 벌고 싶으세요?"

"네."

"그런 복장과 지금의 헤어, 메이크업 상태로는 천만 원 벌지 못해요."

단호했다. 하지만 너무나 당연한 강사의 말에 나는 심하게 공감

했다. 흔히 일하기 편한 복장으로 근무하는 많은 디자이너들 때문에 고민하는 원장님들이 많다. 대놓고 말하지 못하거나 말해도 듣지 않는다며 교육 중 내용으로 전달해 달라는 요청이 심심찮게 들어온다. 나는 교육 때 거의 무채색의 세미 정장을 착용한다. 강의 내용이 돋보이게 하기 위함이다. 물론 이미지 메이킹 강사라면 조금 다를 수도 있다. 서비스에 관련된 교육을 하는 내가 핑크색 머리띠를 하고 핑크리본이 돋보이는 블라우스에 빨간색 팬츠를 입었다면 어떨까? 교육 내용보다는 강사의 복장에 더 시선이 갈 것이다. 아름다운 헤어스타일을 제안하기도 하고, 유행을 선도하는 헤어디자이너가 본인 머리는 관리가 안 된 채 피곤해 보이는 얼굴로 홈웨어 스타일의 너무 편한 옷을 입고 있다면 고객이 안심하고 헤어를 맡길 수 있을까 고민해 볼 문제다.

따라하고 싶을 정도로 이미지 관리를 잘하는 디자이너에게 고객이 많은 것은 당연한 일이다. 예전에 정기적으로 물리치료를 받던 때가 있었는데, 하루는 간호사가 무슨 일을 하냐고 물었다. 회사원이고 고객 서비스 교육을 한다 하니 "그렇죠? 뭐가 좀 다르다고 생각했어요."라고 했다. 일을 하면서 내가 조금씩 변했던 것일까? 그 이후에도 가끔씩 비슷한 질문을 받거나, 내 직업을 알아맞히는 분들을 만날 때가 있다. 《한비자》의 〈오두편(五蠹篇)〉에 '장수선무(長袖

善舞)'라는 말이 있다. 소매가 길면 춤선이 아름답다는 말인데, 어떤 일을 하더라도 조건이 좋은 사람이 유리하다는 의미이다. '졸라맨' 복장으로 한국무용을 한다면 아무리 훌륭한 무용수라도 우아함을 전달하기엔 역부족일 것이다. 전문가처럼 보이고 싶다면 집을 나서기 전 전신거울로 자신의 이미지 체크부터 해보자.

"사람들은 당신이 한 말을 금방 잊어버리지만, 당신이 그들에게 준 느낌은 항상 기억할 것이다."

– 워렌 비티

다음은 교육생들이 현장에서 자기 어필을 위해 노력해야 할 항목으로 조별 활동에서 나온 내용들이다.

- 고객에 맞는 언어 선택 / 적절한 호칭
- 트렌드에 맞는 복장
- 전문가임을 표현할 수 있는 자세와 동작
- 업무·직급·직업에 맞는 의상
- 매장 내 청결도 : 깨끗한 시술 도구, 유니폼, 거울, 찻잔 등
- 유니폼 다려 입기
- 양말 신고 일하기

- 담배 냄새, 땀 냄새 주의

- 밝은 인상, 표정 관리

- 공중위생에 적합한 시술 도구

- 고객마다 새로운 가운 제공

- 제품의 청결

- 신체의 위생과 청결이 가장 기본 (머리끝에서 발끝까지)

- 구두 소리, 슬리퍼 끄는 소리 (예 : 마사지실)

- 기구 취급 시 소음 발생

커트만 하는 강사님은 진상입니다

지금 나의 헤어스타일을 책임져 주는 원장님은, 그녀가 스무 살 무렵 인턴 때 만나 28년 동안 함께하고 있는 중이다. 예전에는 펌도 2개월마다 하곤 했지만, 10년 전부터는 매달 커트만 하고 있다. 매출로 보면 나는 도움이 되는 고객이 아니다. 하지만 충성도가 좋은 고객이며, 매달 우리는 많은 이야기를 나눈다. 고객의 충성도와 관련된 내용의 교육을 할 때면 간혹 나의 경우를 예로 드는데, 한번은 교육을 마치고 나니 한 디자이너가 다가와서는 이야기한다.

"강사님, 그 원장님은 강사님이 피곤하겠어요."

매달 커트만 하면서(매출에 큰 도움이 안 된다는 뜻이다) 너무 친한 척하면 안 들어줄 수도 없고, 대놓고 말도 못 할 테니 고객인 내가 싫을 것 같다고 했다. 그래서 본인은 나와 같은 고객이 있을까봐 친해지는 것을 방지하기 위해 고객과 일정 거리를 둔다고 했다.

하나만 알고 둘은 모르는 디자이너이다. 나는 한 달에 한 번 커트를 목적으로 방문하지만 실제로 살롱을 방문하는 횟수는 그것보다 많다. 누군가 내 커트를 보고 소개해 달라고 하면 나는 소개에서 그치는 것이 아니라 시간이 되는 날에 동행해 주기도 한다. 소개를 받은 분들 역시 소개를 계속하면서 나는 한 달에 한 번 가는 커트 고객 이상의 몫을 하는 것이다.

이 디자이너는 고객 생애 가치를 모르고 있다. 이것을 알게 되면 지금까지의 고객 중에 다시 보게 될 고객이 많아질 것이며, 틀림없이 고객을 대하는 태도가 달라질 것이다.

고객 생애 가치(Customer Lifetime Value)는 한 고객이 한 기업, 또는 한 헤어살롱에 평생 줄 수 있는 매출액을 말한다. 커트 비용이 30,000원이라고 가정하고 30년간 매달 방문한다면 그 고객은 그냥 30,000원의 고객이 아님을 눈치채야 한다. 고객의 생애 가치를 아주 간단하게 계산하면 30,000원×12회×30년=10,800,000원이 된다. 30,000원의 고객과 10,800,000원의 고객이 있다면 당신은 이들에게 어떤 다른 대우를 할 것인가? 30,000원의 커트 고객은 30,000원의 고객이 아니다. 이것만 안다면 커트 고객이라고 해서 소홀히 응대할 수 없게 된다.

고객 생애 가치가 중요한 또 하나의 이유는, 충성도를 가질 고객한 명(신규)을 만들기 위해서는 기존 고객 유지에 드는 비용보다 5~6

배의 비용이 든다는 점이다. 간혹 신규고객 창출에 신경을 쓰느라 고정 고객을 놓치는 경우가 있는데, 이것은 비용 낭비일 뿐만 아니라 시간과 마음의 낭비이다.

한 곳에, 한 사람에게 충성을 다하는 고객이 있는 반면 언제든 떠나는 고객이 있다. 고객이 떠나는 이유를 기억하는가? 브랜드가 싫어져서도, 제품이 잘못되어서도 아니다. 사람 때문에 고객은 충성을 하게 되고, 사람 때문에 고객은 떠나기도 한다. 그 사람이 내가 될 수 있음을 기억하자. 내 팬을, 내 편을 만들 수 있는가 없는가에는 나의 역할이 가장 크다. 나를 먼저 잘 돌아보고, 파악하고, 나를 괜찮은 사람으로 만드는 데 시간을 많이 투자하자. 최고가 아니어도 된다. 다른 사람과 대체될 수 없는 유니크한 나를 만들자. 명품인 당신이 하는 서비스가 바로 명품 서비스가 되며, 고객은 당신의 평생 팬이 되어줄 것이다.

에/필/로/그

함께 호흡해줘서 고맙습니다

"힐링 교육 해주세요!"

"네? 전 힐링 교육을 한 적이 없는데요?"

소통 교육을 하고, 마인드 교육을 한 곳에서, 재교육 신청이 들어왔다. 어떤 힐링 교육을 원하냐고 물으니, 지난번 교육에서 직원들모두 교육받는다는 느낌이 아니라 힐링이 되었으니 이번에도 그런종류의 교육을 받았으면 한다고 했다. '아, 그래도 내가 전하고자 하는 마음들이 전해졌구나.'하고 감사함이 생기는 순간이다.

서비스 교육이라 하면 너무 뻔하고, 지루하다는 선입견을 가지고왔다가 교육을 마치고 나면 "교육받으러 왔다가 힐링하고 갑니다", "마음이 너무 힘들었는데 위로가 되었어요."라고 말해주는 분들을만난다. 나의 교육이 누군가에게 위로가 되었다면 그 순간에 난 그들이 받은 위로에 몇 배를 더한 에너지를 얻게 된다. 그리고 교육하면서 생긴 피로가 한 순간에 사라진다. 나의 에너지의 원천은 바로 교육생들이고, 그들의 피드백이다.

메이크업 강사로 시작해서 글로벌 화장품 브랜드 교육팀장으로 제품, 기술 교육을 진행했었고 이제는 기술도 없는 내가 전국 유명 헤어살롱 대상으로 마인드, 커뮤니케이션, 리테일링, 서비스경영, 리더십 코칭, 소통과 협업, 클레임 매니지먼트 등 다양한 교육을 진행하는 중이다.

인사할 때는 허리를 얼마큼 숙이고, 말할 때 목소리 톤은 어떻게 해야 한다는 등의 기본적인 서비스 내용, 물론 중요하다. 그런데 몰라서 못하는 사람은 없어 보인다. 다만 하고 싶지 않을 뿐. 클레임 고객을 대할 때는 '이렇게 해라'라는 행동 매뉴얼은 있지만, 버럭 소리를 지르거나 직원을 무시하는 고객(이라고 말하고 싶지 않을 때도 많지만) 앞에서 매뉴얼은 무용지물이다. 같이 소리를 지르고 후회하는 경우도 봤다.

현장에서 서비스를 하는 사람, 영업을 하는 사람들에게 필요한 건 매뉴얼이 아니라 마음, 즉 자존감이다. 그래서 서비스 교육이라고 쓰지만, 내가 하는 교육은 마음을 먼저 살피고, 내 상황을 더 건강하게 만들고, 고객이 나를 무시하지 않도록 만드는 마인드와 태도에 대한 내용이다. 자신에 대해 다시 한번 생각하는 시간이 되었다고 말하는 이유다. 고객의 마음을 살피려면 내 마음이 먼저 편해야 한다. 나도 교육 전 호흡을 가다듬고 내 마음을 편히 만들고 교육에 임한다.

마음이 흔들리면 교육도 흔들리게 될 수밖에 없다.

어찌 보면 내가 부족했던 부분이라 잘하고 싶어서 배우기 시작했고 교육을 통해 나누었다. 결핍이 많다 보니 채워야 할 것도 많았다. 더 많은 현장을 보고, 그들과 이야기 나누고 싶었고, 나처럼 힘들어하는 분들의 이야기를 들어주고 싶었다. 좋았던 일, 힘들었던 일, 당황스러웠던 일, 우리가 함께한 시간들은 모든 것이 컨텐츠가 되어 다시 교육내용으로 만들어졌다. 그리고 오랜 시간 고민해왔던 이야기를 쓰고 지우고 다시 쓰는 작업을 반복하며 이 책은 만들어졌다.

교육만 하던 내가 책을 쓴다고 했더니, 그냥 교육하듯 쓰면 된다고 주위에서 말했다. 하지만 현실적인 글쓰기의 벽은 너무 높았고, 그때마다 '왜 시작했을까?'하는 후회를 수없이 했다. 그럴 때마다 나의 교육을 들은 서비스 현장에서 일하고 있는 분들이 떠올랐다. 본인이 선택한 일에 최선을 다하며 성공하기 위해 얼마나 많은 시간과 노력을 쏟고 눈물을 흘렸을까? 포기하지 않고 끝까지 하다 보면 일을 좋아하게 되고, 결국 행복해질 수 있다고 교육하던 나. 현장에서 사람들로 인해 상처받고 어떻게 마음을 다잡고, 어떻게 서비스를 풀어 나갈지 그저 막막한 분들에게 도움 되길 간절히 바라면서 썼다. 그러니 이 책은 나의 이야기가 아니라 교육 현장에서, 또 뷰티 현장에서 만났던 여러분의 이야기이다.

'언젠가, 내가 성공을 했을 때 책을 써야지'라고 생각하던 나에게, 교육을 마치고 나가면서 "책으로 만들어지면 좋겠다."고 해 준 원장님의 말에 용기를 얻었다. 막연했던 마음을 이야기하던 중에 '책을 쓰자'라는 결심을 하게 해 주고 책과 강연을 소개해 준 이선우 작가 덕분에 책 쓰기가 시작되었다.

지루한 글쓰기의 여정을 함께하며 지치지 않도록 "잘한다, 할 수 있다." 격려해 주시고 파도치는 감정의 모든 이야기를 들어준 책과 강연의 이정훈 대표님, 김태한 대표님, 그리고 부족한 글을 택해 주시고, 멋진 책으로 만들어 주신 대경북스 김영대 대표님께 감사함을 전한다. 우연히 시작된 뷰티업계에서 인정받는 사람이 되도록 만들어 준, 아모레 뷰티아카데미, 라프레리, 로레알, 시세이도에 감사하고, 처음 강사 양성과정 수업을 들으면서 만난 롤모델 박보영 센토스 대표님께 고마움을 전한다.

일하는 엄마라는 이유로 충분한 시간을 함께하지 못한 내 딸 소정이, 사랑하고 고맙고 미안하다. 살아계셨으면 딸의 책 출간을 가장 자랑스럽게 생각했을 부모님, 늘 누나를 도와주는 남동생과 가족에게 감사하며 마지막으로 이 모든 것을 해낼 수 있게 해 주신 하나님께 영광을 돌리며 독자가 되어 주시는 모든 분이 더 행복하길 바란다.

함께 호흡해 주셔서 감사합니다.